新媒体时代旅游业转型升级路径研究

李翀 著

九 州 出 版 社
JIUZHOUPRESS

图书在版编目（CIP）数据

新媒体时代旅游业转型升级路径研究 / 李翀著 .
北京 : 九州出版社，2025.1. -- ISBN 978-7-5225
-3548-7

Ⅰ . F592.3-39

中国国家版本馆 CIP 数据核字第 2025CH2715 号

新媒体时代旅游业转型升级路径研究

作　者	李　翀　著	
责任编辑	云岩涛	
出版发行	九州出版社	
地　址	北京市西城区阜外大街甲 35 号 (100037)	
发行电话	(010)68992190/3/5/6	
网　址	www.jiuzhoupress.com	
印　刷	定州启航印刷有限公司	
开　本	710 毫米 ×1000 毫米　　16 开	
印　张	12.75	
字　数	186 千字	
版　次	2025 年 1 月第 1 版	
印　次	2025 年 1 月第 1 次印刷	
书　号	ISBN 978-7-5225-3548-7	
定　价	78.00 元	

前　言

随着新媒体技术的迅猛发展，旅游业正在经历前所未有的变革。在当今世界，新媒体已经成为人们生活中不可或缺的一部分，它以丰富多彩的形态和强大的传播能力渗透至人们生活的各个方面。具体到旅游业，新媒体技术已经成为推动旅游业发展的重要引擎。新媒体营销具有成本效益高、互动性强等天然优势，对于提升游客的旅行体验和期望，提升旅游企业或旅游目的地的营销效果，促进旅游业转型升级具有巨大的推动作用。然而，在旅游业中应用新媒体营销也需要遵循伦理规范和法律规定，注意数据隐私、内容真实和社会影响等方面的问题，进而为旅游者提供更安全、更舒适的旅游体验，推动我国旅游事业健康、可持续发展。

本书共分为五章。第一章为旅游与旅游业概述，主要探讨旅游的含义、特征和发展历程，旅游业的基本结构以及重要地位。第二章为旅游业转型升级的理论基础，包括基本理论、概念和特征等内容，旨在为后续章节提供必要的理论支撑。第三章重点研究旅游市场营销的环境，分析旅游营销策划的原理和程序，以及大数据背景下的精准化营销策略。第四章主要探讨新媒体营销的概念、特点和运用方式，以及新媒体技术对旅游业带来的深远影响，并具体分析旅游目的地和旅游企业新媒体营销的策略。第五章通过经典案例分析，探讨新媒体营销背景下旅游业发展的新趋势，并讨论旅游业中新媒体营销的伦理规范与责任，为旅游业的未来发展提供新的视角。

由于作者水平有限，书中可能存在一些不足，敬请广大读者、同人批评指正。

目　录

第一章　旅游与旅游业概述

第一节　旅游的含义与特征

一、旅游的含义

对于旅游，我国学者刘荣认为，旅游是人们出于移民和就业任职的原因离开自己的常住地的旅行和逗留以及由此引起的现象和关系的总和。[①] 谢彦君认为，旅游是个人以前往异地寻求愉悦为主要目的而度过的一种具有社会、休闲和消费属性的短暂经历。[②] 该定义明确地指出旅游的本质属性是享受性，其外在表现特征是异地性和暂时性。李天元认为，旅游是人们出于移民和就业任职以外其他原因离开自己的常住地前往异国他乡的旅行和逗留活动，以及由此所引起的所有现象和关系的总和。[③]

综上所述，旅游，简单来说，是指人们离开日常生活环境，前往其他地方，以观光、度假、商务、学习等为主要目的的活动。旅游的形式多种多样，包括自由行、跟团游等。随着交通和通信技术的发展，旅游

---

① 　刘荣.旅游学概论 [M].北京：北京交通大学出版社，2007：3.
② 　谢彦君.基础旅游学 [M].4 版.北京：商务印书馆，2015：56.
③ 　李天元.旅游学概论 [M].5 版.天津：南开大学出版社，2003：47.

变得更加便利，人们能够更容易地穿越不同的地域，开阔视野，增加人际交往。

旅游是人类社会经济和文化发展到一定程度时衍生出来的一种独特现象，是在特定的社会背景下展开的，牵涉社会环境的各个层面。因此，旅游可被视为社会环境中众多现象的集中反映。从旅游的定义中可以看出，旅游的基本属性主要包括以下几方面。

（一）旅游是一种社会现象

旅游是人类在闲暇时期的重要休闲活动，是社会生产力发展的产物。在旅游中，旅游者与旅游目的地居民的接触和交往是不可避免的，这有助于促进地区之间的人员交流，共同构成一个跨越地区或者国界的旅游市场。这种多层次的互动能够影响个体层面的休闲选择，并在社会层面上塑造跨文化交流和合作的形式。因此，旅游不只是个体行为，还是涵盖广泛社会关系和互动的复杂社会现象。

（二）旅游是一种文化现象

旅游是人类物质需求和精神需求的基本组成部分。旅游者作为旅游的主体，常常会通过外部条件和旅游媒介等手段积极参与旅游，以实现自身特定需求。这是一个动态的过程，反映了人类对于探索、体验和满足各种需求的渴望。旅游是社会文化发展的必然产物。不同文明、民族和地区之间的文化差异促使了文化型旅游群体的形成。人们对未知事物的好奇心驱使着他们通过旅游观察社会、体验民俗，从而增进对异地文化的了解，丰富自身文化知识。这种对多样性的追求使旅游成为一种引人入胜、能进行文化交流和学习的重要社会活动。通过旅游，人们能够体验和参与不同文化之间的交流与互动。旅游活动涵盖文化景观、历史古迹、当地传统、风俗习惯等多个方面，可以为游客提供深入了解和体验不同文化的机会。旅游不仅是对地理空间的探索，更是对人类文明多样性的探究，有助于旅行者开阔视野，拥抱多元文化。

（三）旅游是一种经济现象

旅游从最初少数人的活动逐渐演变为现代大众化的活动，究其原因，在于社会生产力的提升带动了人们的消费。只有在一个国家或地区经济发展，人们拥有可支配的收入，并在满足基本需求后还有额外资金时，旅游的动机才显得强烈。如果在这一基础之上又具备了休闲的时间和便利的交通条件，人们的旅游愿望就会转化为实际行动。旅游者期望在旅途中获得吃、住、行、游、购、娱等方面的优质服务，这种需求和服务提供之间的关系构成了一种经济现象，旅游业的繁荣与服务业的充实相辅相成。在这个过程中，经济的繁荣和服务的提供共同推动着旅游这一社会现象不断演化。

从旅游供给方面看，旅游业通过充分利用各种旅游资源，为国内外游客提供广泛的旅行和游览服务。这包括对旅游资源的开发，旅行社的运营，以及专为游客提供的宾馆、商店、餐厅等服务设施。同时，旅游业还为游客提供交通运输以及当地特产和纪念品的生产与推销等一系列服务。旅游活动所带来的服务供给，直接或间接对客源国（地区）和接待国（地区）的经济产生不同程度的影响，从而呈现出明显的经济特征。

二、旅游的特征

旅游是一种多元且富有内涵的社会经济活动，涵盖丰富的内容和多样的类型。在现代社会，旅游是人们短期内的一种独特生活方式，与一般社会经济活动具有不同的特征。

（一）异地性

旅游活动是建立在个体的空间移动之上的，与日常生活的空间有着明显的差异。换言之，旅游是个体前往异地进行的活动，是旅游者在未曾踏足的他乡中寻找休闲体验的一种行为。基于"求知、求新、求奇"的心理需求，人们倾向于通过旅游来远离日常生活地，前往"非常规环境"中探寻新奇事物，满足好奇心。异地性使旅游目的地成为旅游者的新奇源泉，因此对旅游者产生了强烈的吸引力。

（二）暂时性

旅游是一种特殊的生活方式，是旅游者人生轨迹上的一段有限的时光，通常不超过一年。旅游者借助闲暇时光，暂时离开日常居住地，以实现种种愿望，包括释放压力、欣赏风景、增长见闻等。不论旅游的目的如何，最终旅游者都会按照原定计划回到自己的常住地，重新融入日常的工作、学习和生活中。因此，旅游是人们工作之余的短暂消遣，是人们生活中的一段暂时性体验。

（三）休闲性

休闲，即放松、清闲。从某种意义上看，旅游是在相对宽松或空闲的时间内进行的一种自由而随意的综合性体验活动，具有与其他休闲行为相同的性质。可以说，旅游实际上是观光、游览、消遣、聊天、交流、健身、运动、审美、求知等多种休闲活动的重新组合，呈现出鲜明的休闲特点。旅游者可远离自己的常住地，去欣赏外界风景，体验当地的文化风情，从而使身心得到宽慰和休息。在这一时刻，作为自由个体的旅游者不受外界因素的束缚，感受到一种解放和自由，切身体验到旅游活动所带来的休闲性。

（四）消费性

旅游是一种消费活动，其消费性质主要体现在两个方面：第一，旅游的实现需要旅游者具备足够自由支配的时间和经济资源。旅游者想要进行一次完整的旅游活动，不仅需要确保有足够的金钱用于支付交通、住宿、餐饮、娱乐等费用，还需要确保有充裕的时间能够享受旅程。在这个过程中，旅游者不只是在消费旅游服务，也在消费过去积累的资金和他人的劳动成果。第二，旅游是一种需要旅游者亲身参与、亲身体验的社会活动。在整个旅游过程中，旅游者既是消费者，也是亲历者，需要参与各种活动。这种参与性消费使得旅游成为一种全方位的体验，旅游者通过亲身参与，感受到不同文化、风景和活动，从而获得全面的消费体验。

（五）综合性

旅游是一种综合性的社会现象。一方面，旅游者的体验内容和体验层次具有综合性。体验内容既包括观赏自然风光、鉴赏人文景观，也包括品味民族风情、参加各种娱乐活动；体验层次既包括感官层面的悦耳悦目，也包括心理层面的悦心悦意和悦志悦神。另一方面，旅游涉及或影响的范围具有综合性。旅游既需要社会众多的行业和部门为其提供服务与支撑，又对政治、经济、文化、社会等不同的领域造成一定的影响。

第二节　旅游的产生与发展

一、早期的旅行活动

旅游是随着人类社会经济的不断发展而逐渐形成的一项活动，它与旅行的历史演进密切相关。在"旅游"这一概念诞生之前，类似的活动已经存在很长时间，只是由于其活动性质的特殊性，人们更倾向于用"旅行"而非"旅游"来描述这些经历。旅游作为社会经济发展的产物，其演进与社会的不断进步相互交织。这表明旅游并非孤立存在，而是在历史长河中逐步发展变化，为人们提供了更为丰富、多元的体验。人们今天仍将古代人类的这些活动称为"旅行"而不是称为"旅游"，是因为要本着历史唯物主义的观点还其本来面目，从而客观地考察和反映旅游活动的由来和发展。①

（一）原始社会早期的迁徙

在原始社会早期，由于劳动工具简陋、生产力低下，人类面临着饥饿和自然灾害的威胁。人们在艰苦的环境中只能依赖集体力量与自然界抗争，过着原始共产主义的生活。因此，社会活动主要局限于氏族和部落内部。在这一时期，人类缺乏外出旅行的物质基础，也没有外出旅行的愿望。人们的活动范围主要限定在自身所属的氏族和部落内。值得注意的是，尽管存在集体迁徙的活动，但这些迁徙往往是在受到自然灾害或失去生存条件等威胁时被迫进行的，或者是受到战争等特定人为因素的影响。这些迁徙是出于生存的需要，而非自愿和主动地旅行，更不能被归类为现代旅游概念中。这种被动性和生存性质表明，早期人类的迁徙活动与现代旅游有着根本的区别。

人类对于主动外出旅行的需求可追溯至原始社会逐渐演变为阶级社会的时期。在这一时期，随着金属工具的广泛使用和生产技术的进步，生产效率显著提高，劳动剩余物也逐渐增多，导致人类的生活方式发生了巨大变化。更为重要的是，随着社会分工的不断深化，不同产品的生产者之间出现了相互交换的需求，交换逐渐演变为社会职能的重要组成部分。商人阶层出现后，产品交换的地域范围得以进一步扩大。简而言之，在这一时期，随着社会生产力的提升、社会分工的深化和范围的扩大，产品交换，甚至商品交换成为不可或缺的社会活动。为了进行交换，人们需要了解其他地区的生产情况，并到这些地区进行产品或商品的交

---

① 国家旅游局人事劳动教育司.旅游概论［M］.3版.北京：旅游教育出版社，2004：50.

换。因此，人们产生了外出旅行的需求。旅行在最初并非消遣或度假的活动，而是出于经济目的，主要是为了实现经济交流和贸易。人类最初的外出旅行是与经济活动密切相关的。

（二）奴隶制社会的旅行发展

在奴隶制社会，社会实现了更为深入的分工，涵盖了各个行业以及体力劳动与脑力劳动之间的差异。这一时期的社会组织使得生产力得以提高，各行业之间的交流与合作得以扩大，同时为艺术和科学的创立创造了条件。

在西方奴隶制社会，奴隶制国家的兴盛为旅行的发展创造了有利的物质条件，罗马帝国就是最典型的例子。在罗马帝国鼎盛时期，其疆域极为广阔，北至欧洲的英国、德国、奥地利、匈牙利和罗马尼亚，东至西亚的幼发拉底河，南面包括非洲的埃及和苏丹北部，西临大西洋。罗马帝国在这一时期经历了大规模的侵略扩张，并在此后保持了相对稳定的秩序，促进了社会经济的进一步发展。在生产技术方面，罗马帝国出现了带轮的犁和割谷机，水磨也得到了广泛应用。建筑方面引入复滑车起重装置，矿山采用排水机，技术分工更加精细。手工行业已经开始生产和使用一些简单的机械。这些技术进步不仅提高了生产效率，也为社会的经济繁荣创造了有利条件。罗马帝国的社会稳定和经济繁荣为人们的旅行提供了更为便利的条件。

此外，这一时期的航海技术也取得了显著的进步。埃及和北非改善了灌溉系统，扩大了耕地面积，促使粮食产量大幅增长。欧洲的高卢（即今天的法国）和西班牙等地兴起了矿业、手工业和葡萄种植业。地中海成为帝国的"内湖"，海上运输变得十分发达，特别值得一提的是，罗马政府在全国范围内修建了许多宽阔的大道。尽管这一全国道路网络的建设主要出于政治和军事考虑，但也为人们的旅行提供了便利。罗马帝国时期的旅店起源于政府设立的驿站，最初主要是为政府官员提供中途休息之用，后来也开始接待来往的普通旅客。随着旅行者数量的增加，政府在沿途设立了官方旅店，私人旅店也因此得到了发展。这些旅行设施的兴起反过来促进了旅行人数的增加。当时的旅行主要发生在本国境内，并以较近距离的旅行为主。同时，也存在一些国际性的经商旅行，主要以贩运粮食、酒、油、铅、锡和陶器等基本商品为主。此外，还有一些贩运各地奢侈品的国际性贸易，如贩运北欧的琥珀、非洲的象牙、东方的香料和宝石等。我国的丝绸即通过著名的"丝绸之路"远销至罗马帝国各地。当时的罗马人和希腊人将中国称为"赛勒斯"，即丝绸之国。我国的史书中记载了罗马使节和商人多次通过陆路和海路到达中国的情况，如《后汉书·西域传》有载："桓帝延熹九年，大秦王安敦遣使自日南徼外献象牙、犀角、玳瑁，始乃一通焉。"这里的"大秦"便是罗马帝国。另外，三国和两晋时期也有罗马遣使来华的记载。公元5世纪随着罗马帝国的衰亡和社会秩序的混乱，国内贸易规模减小，商务旅行者的数量急剧减少，道路无人管理，逐渐破败，沿途盗匪横行，安全条件急剧恶化。这一系列因素使得旅行者面临更多的困难和危险，旅行途中的安全性大大降低，从而限制了旅行的规模和频率，阻碍了旅行的进一步发展。

我国奴隶社会时期旅行的发展情况与西方相似，但比其要早得多。商代（公元前16世纪到公元前11世纪）是我国奴隶社会的经济繁荣时期。在这个时期，随着剩余劳动产品的增加和以交换为目的的商品生产的扩大，易货贸易活动得到了极大的发展。同时，牛和马广泛应用于交通运输，使商代商人的活动范围扩展至东北的渤海沿岸、朝鲜半岛，东南的浙江，西南的四川，西北的陕西、甘肃以及新疆地区。到了春秋战国时期，贸易经商活动进一步发展，涌现出许多行踪遍布天下的大商人。这一时期的商业活动在国内外的交往中发挥了重要作用，为经济的繁荣和文化的交流提供了有力支持。

可见，人类有意识的外出旅行活动始于原始社会末期，并在奴隶社会时期得到了迅速发展。然而，初期的旅行活动并非出于消遣的目的，而是由于外出易货经商的需求而发展起来的一种经济活动。这表明，最初的旅行受到生产力和社会经济的发展推动，特别是产品交换的推动。尽管最初的旅行主要是出于经济目的，即产生交换和易货经商，但以"天子"为代表的少数奴隶主阶级中已然存在以消遣为目的的旅游活动。由于奴隶主拥有大量的劳动剩余物和相对较多的空闲时间，他们有外出巡视和游历的需求，因而产生了以消遣为目的的旅行活动。这说明旅行活动在演变过程中逐渐兼具了经济和休闲双重性质。

（三）封建社会的旅行发展

我国封建社会长达两千多年，在各个朝代统一期间，社会政治相对安定，生产技术和社会经济得到了显著进步。这一时期的社会安定与经济繁荣为旅行的发展提供了新的物质基础。随着生产技术的提高和社会经济的繁荣，人们的活动范围逐渐扩大，旅行逐渐成为一种更为普遍和多样化的体验。

秦始皇统一中国后，通过兴建"驰道""直道""五尺道""新道"，并连接和维护战国时期各列国原有的道路，在全国范围内形成了以咸阳为中心、四通八达的道路网。这一举措为秦汉时期的旅行发展提供了便利条件，尤其值得注意的是，西汉时期张骞通西域的重要公务旅行可谓最具代表性的例子。张骞奉命西行，开辟了中原地区通往西域的旅行路线，使人们对沿途各地的社会地理、物产和风土人情有了较为全面的了解。张骞西行的路线构成了后来著名的丝绸之路，也是古代中国通往中亚和欧洲最早的旅行路线。这条丝绸之路东起长安，途经陕西、甘肃、新疆，穿越帕米尔高原，然后经过中亚和西亚，最终抵达地中海东岸。张骞的这次西行在历史上留下了深刻的印迹，促进了东西方文化和商品的交流，对古代旅行的发展产生了深远的影响。

自公元前2世纪开始，中国的大宗丝绸和丝织品以及其他特产，多通过丝绸之路向西运输。在历史上，晋代法显、唐代玄奘以及元代时期的意大利旅行家马可·波罗等人，都沿着这条古老的贸易路线完成了著名的旅行。丝绸之路不仅在古代扮演了中西经济文化交流的桥梁角色，在今天仍然是世界闻名的旅游线路。

唐宋时期，随着社会经济的繁荣和发展，旅行活动显著增加。除了经商旅行，几乎所有非经济目的的旅行在当时的典籍和文学作品中都有所记录。值得关注的是，这一时期士人漫游和宗教旅行尤为突出，丰富多彩的旅行活动成为当时社会生活的一部分，为文学创作提供了丰富的素材。

士人漫游是指当时的文士和知识分子为了消遣和排遣压力而进行的旅行和游历活动。在这个时期，许多官僚地主、文人学士因受挫于仕途或受到宗教思想的影响，选择离开城市，漫游于田园山林，以追求精神上的解脱。同时，一些人出于对山川的热爱而展开了漫游之旅。许多著名的文学家和诗人，如李白、杜甫、陆游，以及柳宗元、欧阳修、苏轼等，都是士人漫游的杰出代表。这些文人通过漫游，不仅感受到了大自然的宁静和神秘，也在游历中汲取了灵感，丰富了他们的文学创作。

佛教于西汉末年传入中国，并在唐朝时达到鼎盛，佛教寺庙遍布全国各地。在这个时期，僧侣和香客的宗教旅行活动频繁，其中玄奘和鉴真两位高僧的宗教旅行活动备受后人称颂。他们的足迹甚至超越国界，延伸至印度和日本，成为中印文化交流的积极推动者。直至今日，中国的艺术瑰宝，如山西大同云冈石窟、甘肃敦煌莫高窟、甘肃天水麦积山石窟，以及新疆境内的石窟寺雕刻和壁画，仍然令人叹为观止，成为历史人文旅游资源的珍品。在唐宋时期，外国游客来华旅行的人数也大幅增加。来自阿拉伯地区的旅行者主要是商人，他们以香料交换中国的茶叶、瓷器和丝织品。在宋朝时，通过海路前来中国的阿拉伯商人数量更为庞大。中国在广州、杭州、泉州、扬州等港口城市开辟了专门供阿拉伯商人居住的"番坊"，为他们提供了安居之所。这一行为不仅促进了贸易活动的开展，也为文化交流搭建了桥梁。

明清时期，随着中国社会生产力的提高，旅行活动进一步兴盛，这个时期的航海旅行和科学考察旅行尤为突出。秦汉时期，中国就与日本、朝鲜等国有海上往来。到了明成祖朱棣时期，为适应政治和经济的需求，海上交通更加畅达。这与当时中国的造船技术以及拥有航海图和罗盘等先进的航海技术密切相关。郑和下西洋便是当时航海旅行的典型代表。郑和七次下西洋，规模之大、时间之长、范围之广、航海技术之高，均属空前。其不仅达到当时世界上航海事业的巅峰，而且对扫除海上交通障碍，畅通海上丝绸之路，发展亚非国家海上贸易，以及建立亚非国家间和平相处关系做出巨大贡献。[①]

明代以前，旅行发展史上曾经有一些以求知为目的的考察旅行，但主要集中在文史领域。到了明清时期，出现了专业性更强的科学考察旅行，这在一定程度上反映了当时社会对科学技术的重视。明代医学家李时珍的药物考察和地理学家徐霞客的地学考察是这类科学考察旅行的典型代表。李时珍先后去过河南、河北、江西、湖南、江苏、安徽等地[②]，将途中搜集的药物标本和有关资料最终编写为药学经典《本草纲目》。可以说，没有他的考察旅行，也就不会有《本草纲目》。

明代地理学家徐霞客则堪称地学考察旅行的代表人物。徐霞客有着惊人的毅力和健壮的体魄。他从二十一岁游太湖开始，到逝世前一年的五十四岁为止，三十余年中，登悬崖，临绝壁，涉深涧，走遍祖国大半河山，足迹遍及华东、华中、华南和西南各省，对祖国的地理、地质进行了深入细致的考察。[③] 他的著作《徐霞客游记》首先记录并揭示了我国西南广大石灰岩地区的溶蚀地貌特征。徐霞客通过对观察到的现象进行分类对比，对这些地貌元素，如石峰、环洼、石梁等进行了命名。他不仅详细考察了多个洞穴，记录了它们的方向、高深和宽窄等具体数据，还对溶洞、钟乳石等地质形成原因进行深入研究，提出了基本符合

---

① 邓书杰.中国历史大事详解：明史 [M].长春：吉林大学出版社，2005：94.
② 周凤梧.中国医学源流概要 [M].太原：山西科学技术出版社，1995：114.
③ 南炳文，汤纲.明史：下 [M].上海：上海人民出版社，2014：1427.

科学原理的结论。另外，他考察了由于高度和纬度差异而导致的气候变化对动植物生态和分布的影响，并进行了深入分析和论述。

此外，我国封建社会的旅馆业也得到了较大的发展。唐朝贞观之治后，我国国力强盛，与外国的文化交流和通商不断增加，沿途兴建了大量旅馆，推动了旅馆业的繁荣。这一时期，外国客商纷纷来到中国学习，这促使了旅馆业的进一步发展。当时兴起的"驿站"是一种专门接待骑马客人的旅馆。由于马匹是当时主要的交通工具，人们出外旅行多选择骑马，而官方信使也通常是骑马出行。驿站不仅提供客人安歇的地方，还负责安排马匹进驻马厩过夜，并提供相应的马饲料。到了宋代，旅馆名称繁多，有四方馆、同文馆、来宾馆、都亭驿等，并出现了专为客商存货的货栈"榻房"①。元朝时期，全国各地设立了许多"站赤"②。明朝时北京设立了"四夷馆"③，专门招待国内各兄弟民族和外国使者，并允许人们在馆内进行贸易。在上海也兴起了一些客栈。清代，为了接待蒙古贸易商队设立了"骆驼店"，在北京涌现了一些"鸡毛小店"④。

在欧洲，从罗马帝国灭亡一直到 16 世纪中叶，旅行活动规模并未扩大，反而呈现缩小的趋势。这一倒退主要缘于当时欧洲的社会经济情况。早期的西欧封建社会缺乏城市，经济体系呈现自然经济的特征。每个村庄构成一个封闭的经济单位，以农业为主，手工业多以家庭副业形式存在，与外界几乎隔绝，因此交流十分有限。这个时期不仅没有出现发展成为工商业中心的城市，甚至连罗马时期的城市也变得衰落和破败。直到 11 世纪，西欧的封建社会才显著发展。生产力有了一定提高，剩余农产品增多，手工业逐渐从农业中脱离。社会分工的深化使得交换活动逐

---

① 吴文智.民宿概论 [M].上海：上海交通大学出版社，2018：23.

② 中国历史大辞典·历史地理卷编纂编委会.中国历史大辞典：历史地理 [M].上海：上海辞书出版社，1996：755.

③ 拉巴平措，陈庆英.西藏通史：明代卷 [M].北京：中国藏学出版社，2016：97.

④ 邓峻枫.现代饭店管理 [M].广州：广东旅游出版社，1992：3.

渐常态化。专业的工商业者离开农村，聚居在堡垒、寺院周围和交通要道，使得这一地方逐渐形成了工商业城市。到了13、14世纪，西欧经济取得了巨大的进步。农业技术的改进和荒地的开垦提高了农产品产量，城市人口增加，工商业也蓬勃发展。然而，由于封建混战不断，旅行状况并没有达到罗马帝国时期的水平。因此，从公元5世纪罗马帝国的衰落一直到16世纪中叶这段漫长时期，西欧的旅行规模不仅没有扩大，反而呈现衰退的趋势。

从1558年英国女王伊丽莎白一世登基开始，旅行活动经历了新的发展阶段。16世纪，人们开始相信英格兰、德国和意大利的天然温泉对各种身体疼痛症状的疗效，产生了在全国各地寻找温泉的兴趣，进而引发了温泉旅行的热潮。这一热潮持续了近两个世纪，之后逐渐向海滨疗养旅行转变。除了以保健为目的的旅行，以教育为目的的旅行也在这一时期开始兴起。人们从一些名人的经历中意识到旅行对于增进异国文化的了解和开阔视野的作用，寻求知识的旅行在以纯粹的娱乐为动机的旅游流行之前延续了好几个世纪，并一直持续至今。然而，真正的教育旅行发展是在封建社会结束后的18世纪。

二、近代旅游的兴起

（一）前工业化时期对旅游需求的孕育

从16世纪开始至工业革命前期，随着城市化的推进，市民的闲暇时间逐渐增多。这一时期节日和庆典活动成为普通市民休闲生活的重要组成部分，其每年用于参与节日庆典的时间相当可观，与工作时间形成鲜明的对比。这种现象是在之前以农业为主的生产社会中从未出现过的。

这一时期的庆典和节日活动丰富多样，包括戏剧表演、舞会、体育活动、传统庆典、赛马会等。与以往相比，人们的社交娱乐选择更加多样化，社会休闲的形式也更加多元化。人们参与这些活动不仅是为了放松身心，更是为了追求精神上的愉悦和社会交往。工业革命前期的社会状况促使市民在闲暇时间中形成了对于休闲娱乐的需求，社会休闲活动逐渐演变，出现了一些特定的集中场所，如"酒馆"和"小旅馆"，为人们提供了社交、休闲的场地。这些地方的兴起进一步丰富了大众的休闲方式，为人们的社交和娱乐提供了更多的选择。

另外，社会休闲娱乐方式正经历着一场潜在的文明变革。在上流社会，人们享受着大众休闲生活的同时，引领社会朝着更多艺术和精神层面追求的休闲娱乐方向发展。贵族阶层中已经涌现出一系列新的休闲娱乐方式，如园艺、阅读、打猎、家庭别墅度假、温泉疗养等。这些富裕阶层的休闲活动体现了对物质享受的追求，对艺术和文化的关注。娱乐审美得到了发展，变得越发文明和成熟，使得新旧消遣方式更替，人们开始逐渐从传统的休闲活动中寻求更深层次的精神愉悦。随着工业革命的来临，人们的生活方式发生了巨大的变化，一些传统的休闲活动已无法满足人们日益增长的休闲娱乐需求。因此，社会渴望探索新的消遣娱乐方式，以适应时代的发展和人们的休闲追求。

（二）工业革命对旅游发展的影响

18 世纪末，英国兴起了一场工业革命，手工工具被机器和机动工具所替代，引发了重大的社会经济变革，也对人类的旅游活动产生了深远的影响。火车、轮船等交通工具的问世使旅游的规模、范围和内容发生了翻天覆地的变化。同时，工业革命推动社会财富快速积累，新兴的中产阶级成为主要的旅游者群体。此外，欧洲的"文艺复兴"运动促使人本主义思想普及，人们逐渐从中世纪的宗教束缚中解脱出来，提高生活质量成为人内心的重要追求，而消遣性旅游恰好能够满足这种需求。上述主客观条件共同推动了旅游需求的不断增长。随着需求的增加，以托马斯·库克旅行社为代表的专门提供旅游服务的近代旅游企业应运而生，旅游业由此成为一个独立的经济产业。

具体来看，这场工业革命对旅游发展的影响主要体现在以下几个方面（表1-1）。

表1-1 工业革命对旅游发展的影响

影响维度	工业革命前	工业革命后
城市化进程	分散、农村聚落	集中、城市化（城市居民渴望回归大自然）
阶级结构	贵族、世家（非经济目的旅游活动的主要人群）	工人也开始有机会参与旅游活动
交通工具	畜力车、风帆船	蒸汽火车、蒸汽轮船（使大规模的人员流动成为可能）
工作、生活方式	忙闲有致，出门休闲意愿较低	工作重复单一，渴望外出休闲

第一，工业革命加快了城市化的步伐，将人们的工作和生活地点从农村转移到了工业城市。这一巨大的转变导致人们渴望逃离忙碌的城市生活，寻找回归自然的机会。事实证明，城市居民外出旅游的人数远远超过了乡村居民，这一趋势至今依然存在。因此，这种关于工作和生活地点的变化在工业革命后对旅游发展产生了重要的促进作用。

第二，工业革命改变了人们的工作性质。随着大量人口涌入城市，多样性的农业劳动随着农时变化而呈现出的繁忙和清闲交替的生活方式，逐渐被单一性、枯燥重复的大规模机器工业劳动所取代。这一变化势必引发人们对休息的渴望，以摆脱终年如一日的紧张工作状态，寻求喘息和解脱的机会。

第三，工业革命引发了阶级关系的变革。在过去，只有贵族和世家才有金钱和时间从事非经济目的的消遣旅游活动。然而，工业革命催生了工业资产阶级，使得财富不再只流向封建贵族和大地主，而扩展到资产阶级，从而增加了旅游人数。此外，工业革命还催生了诸多工人阶级。随着生产力的提升和工人阶级的不懈奋斗，广大工人也开始有机会参与旅游活动当中。

第四，科技的进步，尤其是蒸汽机技术在交通领域的应用，为大规模的人员流动创造了可能。其中，铁路运输对旅游发展产生了深远的影响。在铁路客运问世之前的近两个世纪里，欧美人主要将公共马车作为交通工具进行旅行。然而，随着铁路时代的来临，人们逐渐摒弃了这一古老的旅行方式，更多的人开始选择乘坐轮船，尤其是乘坐火车进行旅行。

（三）近代旅游业的形成

工业革命推动了社会经济的繁荣，同时铁路的低廉运费使更多人能够负担得起旅行费用。随着劳动大众对假日的争取，资本家不得不做出有限的让步，至少在某些传统假日提供带薪休假。所有这些因素为更多人外出旅游提供了机会。然而，当时绝大多数人，包括新兴的资产阶级，对旅行经验和异国情况缺乏了解。语言和货币方面的障碍也成为人们计划旅行时的担忧。在这种情况下，人们需要帮助，这不仅仅是个别需求，更是社会整体需求的体现。

英国人托马斯·库克（Thomas Cook）凭借其独到的洞察力和创新精神，开创了一种新型的旅游模式。1841 年 7 月 5 日，托马斯·库克组织了一次历史性的团体旅游，这不仅是他个人事业的转折点，更是现代旅游业的开端。这次旅游从莱斯特出发，目的地是拉夫堡。库克采用了包租火车的方式，这在当时是一种创新的尝试。他组织的这一旅游行动具有以下特点：第一，参加者的公众性。这次旅游吸引了各种阶层、职业和年龄的人参加，这与现代旅行社组织的旅行团极为相似，而与此前仅限于特定专业团体或公司员工的旅行形式截然不同。第二，组织工作的周密性。从交通安排、票务服务到餐饮提供，每一个环节都经过预先规划和组织实施，体现了高度的专业化和系统性。这在当时可谓开创性的实践。第三，具有很强的商业性和目的性。与过去的业余性质旅游活动不同，这次旅游完全是出于商业考量，预示着旅游业从业余娱乐活动向商业行业转变。库克不仅是这次活动的发起人、筹备者和组织者，还亲自随团，提供全程陪同服务。这一做法可谓现代旅行社服务的雏形。

托马斯·库克的开创性活动揭示了人们对于旅游日益成熟的需求，预示着现代旅游业的萌芽。随着托马斯·库克旅行社的成立，近代旅游业正式步入了一个新的时代。这种模式很快在欧洲乃至全球范围内得到模仿和推广，众多类似的旅游组织相继成立。19世纪初，旅游活动开始呈现出与今天相似的特点。英国的旅游者不再局限于国内游览，他们的足迹开始遍布全球，特别值得注意的是，中产阶级的加入极大地扩大了旅游队伍的规模。出游的目的和方式也发生了显著变化，以休闲和观光为目的的旅游活动在数量上开始超越传统的商务旅行。在交通方式上，火车和轮船成为主要的旅游交通工具，这进一步促进了旅游活动的规范化和组织化。这些有组织的旅游活动吸引了越来越多的人参与，旅游的休闲和娱乐功能日益凸显。在这样的背景下，旅游服务业作为一个独立的经济领域开始逐步发展壮大，为现代旅游业的蓬勃发展奠定了坚实的基础。

19世纪，商业性团体消遣旅游的兴起不仅改变了人们的旅游习惯，更重要的是奠定了组团旅行业务的基本模式，为现代旅行社的发展做出了重要贡献。这一模式涵盖了从旅行筹备到执行的全过程，为后来的旅游业提供了完整的运作框架。在旅行的前期准备阶段，旅行社的主要工作包括对旅游线路的勘测、旅游指南的编写以及旅游团的组织。这些步骤确保了旅行的流畅性和安全性。此外，旅行社还需要拟定接待计划，确保游客在旅游目的地的住宿和活动安排得当。在旅游过程中，旅行社提供的服务包括领队陪同和景区讲解等，这些服务旨在提升游客的旅游体验和满意度。此外，旅行社还提供了所谓的包价产品，这些产品通常包括交通、住宿和导游服务等。在经济模式上，旅行社的收入来源不仅限于向游客收取的费用，另一个重要的收入来源是通过批量购买，从交通和住宿等下游企业那里获得折扣，然后再以较高的价格提供给游客，从中赚取差价。这种经营模式有效地降低了成本，同时为旅行社带来了额外收入，为旅游业的商业运作提供了一个可持续的经济模型。

三、现代旅游的发展

现代旅游是第二次世界大战结束后，尤其是 20 世纪 60 年代起，在全球范围内普及的社会化大众旅游活动。这一时期，旅游不再是少数精英或特定社会阶层的专利，而是成为一种广泛的社会现象，涉及各个阶层和广大群众。这种大众化的趋势是现代旅游最显著的特征，也使得"大众旅游"成为现代旅游的代名词。

（一）现代旅游迅速发展的原因

1. 世界经济迅速发展

第二次世界大战之后，全球经济迅速恢复并增长，为旅游业的繁荣提供了坚实的物质基础。战争给参战国的经济带来了巨大的影响，但战后，美国、英国、法国等纷纷采取了有效措施，以修复战争带来的损伤。随着主要资本主义国家经济的复苏与成长，全球其他国家的经济也随之步入发展轨道。战后的经济增长速度普遍超越了战前，为人们的旅游消费提供了可观的财务支持，尤其是在西方国家，人们的收入增加和支付能力提高，极大地促进了旅游业的迅速发展和普及。

2. 交通运输工具的进步

交通运输工具的进步对于现代旅游的发展起着至关重要的作用。战后，尽管火车和轮船在许多国家仍然是重要的交通工具，但在全球范围内，特别是在经济发达的工业化国家中，汽车和飞机逐渐取代了这些传统的交通工具。航空交通的性能提升和数量增加显著缩短了旅行的时间和距离，这不仅使旅行更加便捷，也降低了旅行费用，从而使更多人能够负担得起远距离旅行。

3. 世界各国城市化进程加快

全球范围内城市化进程的加快引发了农村人口向城市大规模迁移，这种人口流动对旅游业的发展起到了重要的推动作用。城市化不仅意味着物理空间的变化，更代表着生活方式和经济结构的转型。随着科技的发展成为经济增长的关键因素，城市居民的收入和闲暇时间都有所增加，这无疑刺激了旅游消费的增长，特别是对于生活在拥挤、嘈杂、污染环境中的城市居民而言，旅游成为一种摆脱日常压力、恢复身心健康的重要方式。从 20 世纪 60 年代起，度假旅游开始成为许多城市居民的首选。

4. 生活方式和价值观念的变化

第二次世界大战之前，人们的主要追求集中在财富、荣誉和物质生活上。战后，随着经济的发展和生活水平的提高，人们的生活观念和消费方式逐渐发生了变化，旅游消费成为一种展现生活质量提升的重要方式。20 世纪后期，"提高生活质量"成为全球流行的时尚口号，旅游活动因此成为普通人生活中的一个重要组成部分。

5. 信息技术的进步和各国教育事业的发展

在相对稳定的政治、经济背景下，全球教育水平的提高使得人们更加倾向于选择健康的休闲方式度过业余时间。接受过更好教育的人群往往更愿意通过旅游来了解世界、探索知识、开阔眼界，并满足自己的好奇心。此外，互联网的发展极大地方便了人们进行远程旅游预订。20 世纪 60 年代免费电话的使用已经是旅游预订的一次重大革新，而 20 世纪 90 年代通过互联网进行阅读、查询和旅游预订的方式更是一次深刻的变革。

（二）现代旅游发展的主要特征

1. 旅游活动的普及性

现代旅游活动的普及性主要体现在两个方面：一是旅游群体的大众

性。现代旅游已经从传统的少数精英或富裕阶层的专属活动转变为普通大众都能参与的普通活动。这种变化得益于经济增长和社会福利的改善，使得不同收入层次和社会阶层的人都能够负担得起旅游费用。旅游业的发展和多样化的旅游产品也为不同需求和预算的人群提供了广泛的选择。在现代社会中，旅游和度假已经成为普遍的生活方式和基本需要，不再是少数人的专利。二是旅游活动的全球性。随着科技的进步，特别是通信技术和交通运输的现代化，世界正变成一个"地球村"。这使得人们可以在较短的时间内，以较低的成本周游世界各地。飞机、高速列车等现代化交通工具极大地缩短了旅行时间和距离，使得远程旅游变得更加便捷和经济。此外，互联网和数字技术的发展也使得获取旅游信息、规划和预订变得极为方便，进一步推动了旅游活动的全球化。人们可以选择去不同的国家和地区旅游，这不仅丰富了他们的生活体验，也促进了其对不同文化的了解和尊重。全球化的旅游活动也为旅游目的地带来了经济收益和文化交流的机会。

2.空间分布的集中性

尽管现代科学技术和交通运输工具的进步使得空间距离大大缩短，旅游跨度不断增加，但旅游者的空间分布并非均匀的，而是呈现出明显的集中趋势。从国际旅游层面上看，旅游者的分布格局呈现出明显的地理集中性，主要集中于欧洲、北美和亚太地区。这些地区由于其丰富的文化遗产、自然景观和先进的旅游设施，成为旅游者的热门目的地。这种集中趋势反映了全球旅游资源的分布不均，以及某些地区在旅游推广和基础设施建设上的优势。即便在某个国家范围内，旅游活动也常常呈现出区域集中的特征。无论是入境旅游者还是国内旅游者，他们的活动并不是均匀地分散在各个省市，而是倾向于沿着特定的旅游线路，集中在特定的地区或城市。这种现象反映了旅游资源的地理分布不均、交通便利性以及区域旅游品牌的影响。另外，从地区或城市层面上看，旅游活动也呈现出空间上的集中分布。旅游者往往聚集在某些特定区域或景点进行观光游览或参与其他旅游活动。这种集中性是由多种因素造成的，如某些景点的知名度高、交通便利、旅游设施完善等。这导致了旅游资源和游客在空间上的高度集中，有时甚至会造成热门旅游地区的过度拥挤和资源的过度消耗。

旅游活动在地理上的集中分布对旅游目的地的发展和旅游企业的经营产生了双重影响，理解这一特性对旅游产业具有重要的实际意义。一方面，这种地理集中性有助于旅游相关企业在选择经营地点时做出明智的决策。为了吸引更多的游客，旅游企业和设施最好位于那些旅游活动较为集中的区域。这样的地理优势能够帮助企业更有效地捕捉潜在客源，增加收益。另一方面，旅游活动的地理集中性也对旅游目的地的规划和管理提出了挑战。每个旅游目的地都有其承载限制，而通常情况下，超过这一限制的情况与旅游活动的过度集中密切相关。例如，在"黄金周"等高峰期间，一些受欢迎的景区可能会出现游客过多的情况，导致该地区达到承载上限。这不仅降低了游客的旅游体验质量，还可能对景区的自然环境和文化遗产造成破坏。要想应对这些挑战，必须通过科学的规划和有效的游客管理措施来解决或减轻这些问题。因此，旅游活动的地理集中性既为旅游企业的发展提供了便利，也对旅游目的地的可持续发展提出了挑战。正确理解和使用这一特性，对于旅游业的健康发展至关重要。这不仅涉及旅游企业的选址策略和运营效率，还关系到旅游目的地承载能力的管理和旅游资源的保护，从而确保旅游活动的长期可持续性。

3. 时间分布的季节性

现代旅游的季节性特征主要体现在人们出游活动的时间分布上，这种分布在不同的旅游资源类型、旅游类型以及地理区域之间存在显著差异。具体来说，依赖自然旅游资源的国家和地区，其旅游接待量波动较大，这是因为自然资源，如气候、风景等受季节变化的影响较大。相反，依赖人文旅游资源的地区，由于历史遗迹、文化活动等较少受季节影响，

其旅游接待量的波动相对较小。此外，不同类型的旅游活动也对季节有不同的反应。休闲和娱乐型旅游活动通常受季节变化的影响较大，而以商务和知识学习为目的的旅游活动几乎不受季节变化的影响。地理区域的不同也是一个重要因素，四季分明的国家和地区在不同季节的旅游接待量波动较大，而四季变化不明显的地区的旅游接待量相对稳定。

对于旅游目的地和旅游企业而言，季节性主要体现为旅游需求的波动性。在一年中，游客数量明显增多的时期被称为旺季，减少的时期被称为淡季，两者之间的时间段则是平季。这种需求的季节性波动给旅游目的地和旅游服务供应商带来了挑战。对于旅游目的地来说，由于其旅游资源供给在短期内相对固定，不能随需求的变化而灵活调整，因此在淡季可能会面临资源闲置和浪费的问题，在旺季则可能出现供不应求的问题。这种季节性波动对于旅游产业的可持续发展提出了挑战，需要通过合理的规划和管理来应对。

因此，深入认识和理解现代旅游活动的季节性特征，对于旅游业的健康、持续和均衡发展具有重要意义，有助于旅游经营者和管理者更好地准备和应对旅游需求的季节波动，从而减少潜在的经营风险。另外，通过了解哪些因素导致某些目的地在特定季节吸引游客，旅游规划者和市场营销者能够设计出更具吸引力的旅游产品和宣传策略，以吸引游客全年访问，从而平衡季节波动对旅游目的地和企业的影响，特别是在淡季，对于缓解季节性影响至关重要。通过创新和多样化的旅游产品设计，例如，开发特色文化体验、节庆活动或者针对特定群体的定制旅游，可以吸引具有不同需求的游客，有效提升淡季的游客数量，从而实现收入的稳定增长。

四、后现代旅游的发展

从 20 世纪 90 年代开始，全球旅游业进入了一个新的阶段，这一时期被称为大众旅游的黄金时代，其特征是旅游活动的普及化和多样化。

这一变化得益于多方面因素的共同作用。全球经济的持续增长，特别是第三世界国家的逐步崛起，为旅游业发展提供了坚实的经济基础。同时，交通和通信技术的飞速发展极大地改善了全球交通环境，使远程旅行变得更加方便和经济。人们闲暇时间的增加和收入的提高，特别是带薪假期制度的推广，进一步推动了旅游活动的普及。在这样的背景下，旅游活动不仅在数量上增长，还在质量上发生了显著变化，旅游形式逐渐多样化，旅游档次逐步提升。在这个大众旅游的黄金时代，旅游者的需求和偏好也发生了变化。传统的包价团体旅游模式受到了前所未有的挑战，取而代之的是更加个性化和自由化的旅游形式。旅游者不再仅仅满足于观光旅游或单一的度假旅游，而是逐渐追求满足感官需求的专题旅游产品，以及符合社会可持续发展需求的后现代旅游产品，旅游者追求的是更深层次、更个性化和更具可持续性的旅游体验。

后现代旅游建立在现代旅游的基础上，是对现代旅游不合理成分的扬弃，也是对现代旅游继承性的发展。其是对现代旅游中表现出的功利性严厉批判后提出来的一种新旅游观，是以一种人与自然和谐共处，以人为本的随心所欲的心态来重构旅游本质。①

在后现代主义视角下，现代旅游被批判为过分商业化、标准化和同质化，忽视了旅游的多样性和个性化需求。这种工业社会的福特制生产方式在旅游业中表现为团体旅游的标准化行程、商业化的景点开发以及忽视旅游者个人体验的趋势。

后现代旅游的兴起并不意味着现代旅游方式的完全消失，也不代表旅游产业价值的丧失，而是预示着旅游产业功能和价值观念将面临重大的转变。随着后现代旅游时代的到来，我国旅游业需要从以下几个方面进行改变：第一，增强个性化和定制化服务。随着生活水平的提高和文化需求的多样化，旅游者更倾向于寻找符合个人兴趣、偏好和价值观的独特旅游体验。因此，相关人员要开发个性化、定制化的旅游产品和服

---

① 黄萍．旅游管理与市场营销研究 [M]．长春：吉林出版集团股份有限公司，2019：3．

务，以满足旅游者日益增长的个性化需求。第二，促进旅游可持续发展。重视旅游活动对旅游目的地社区、文化和环境的影响，推动旅游可持续发展，保护自然和文化遗产。第三，提升旅游体验的质量。相关企业不仅要提供标准化的旅游服务，更要注重提升旅游体验的质量，如通过提供文化深度游、生态游等丰富游客的体验。第四，强化地方特色和文化元素。挖掘和保护地方特色和文化元素，提供独特的旅游体验，与同质化地区形成差异。

第三节　旅游业的含义、结构与性质

一、旅游业的含义

旅游业，即旅游产业，关于这一概念的含义，我国不同的学者有着不同的看法。占佳认为，在对旅游产业的概念进行研究时，应尽可能从旅游供给的角度出发，这样既有利于与其他产业概念界定相衔接，也有利于与国民经济统计体系对接。[①] 谢彦君等认为，旅游业是以旅游资源为凭借，以旅游者为主要对象，通过提供旅游服务满足旅游者需求的综合性产业。[②] 杨振之等认为，从产业供给出发，旅游产业的内涵应该是，以旅游业生产六要素：吃（旅游餐饮业）、住（旅游宾馆业）、行（旅游交通业）、游（旅游景观业）、购（旅游商品业）、娱（旅游娱乐业）为核心，以旅行社为产业龙头，由一系列行业部门组成的社会、经济、文化、环境的整合产业，是一个开放的复杂系统。[③] 周振东认为，旅游产业是指在国民经济体系中，按照一定的社会分工，采取商品形式提供各

---

① 占佳.旅游产业范围界定应从基本概念入手[J].旅游学刊，2007（12）：9-10.

② 谢彦君，陈才，谢中田.旅游学概论[M].大连：东北财经大学出版社，1999：146.

③ 杨振之，陈谨.论我国旅游业产业结构的优化调整[J].云南民族学院学报（哲学社会科学版），2002（5）：30-34.

种旅游产品，以满足旅游者消费需求的各类企业的集合。[①] 黄国良认为，旅游业是指为满足旅游者旅游需求而生产销售旅游产品的相关企业的集合。[②]

旅游业作为一项客观存在的产业，虽然人们对其的认识和分类存在分歧，但其对经济发展的重要性已得到广泛认可。与传统的农业和工业不同，旅游业的界限并不清晰，这主要是由旅游产品本身的特点所决定的。旅游产品是一种涉及多个行业的组合产品，其构成复杂，基本可分为食、住、行、游、购、娱几个部分。在我国，旅游业主要由以下几类企业组成：旅行社、以旅游饭店为代表的住宿企业、餐饮企业、交通运输企业、游览娱乐企业以及旅游用品和纪念品销售企业。其中，旅游交通业、饭店业和旅行社业通常被视为旅游业的三大支柱。此外，各级旅游管理机构和旅游行业组织虽不是直接盈利的实体，但在旅游业的发展中发挥着重要的支持作用，主要负责监督和管理，提供规划、市场推广等关键服务，对于旅游业的健康有序发展起着至关重要的作用。

二、旅游业的结构

旅游业的结构是由其产业性质所决定的。不同于其他产业，旅游业的产业构成和界限不是取决于所提供的产品或服务的特性，而是由旅游者的消费范围和需求来定义的。旅游业包含多种服务和产品，这些服务和产品可能涉及多个不同的行业和领域。旅游者的消费需求包括交通、住宿、餐饮、观光、购物、娱乐等多个方面，这些需求促使旅游业向多样化发展。由于旅游者的需求广泛且多变，旅游业的界限因此变得相对模糊，跨越了传统行业的界限，形成了涵盖交通运输、酒店住宿、餐饮服务、文化娱乐等多个领域的综合性产业。因此，旅游业不仅包括为游客直接提供服务的业务，还涉及与旅游活动紧密相关的各种支持服务和

---

① 周振东．旅游经济学 [M]．大连：东北财经大学出版社，1999：13.
② 黄国良．旅游经济学基础 [M]．北京：中国旅游出版社，2011：167.

管理活动。不同国家和地区的旅游业结构模式各异，主要由各地的经济发展水平、旅游业发展条件和社会制度等因素决定。因此，各国需要根据自身的国情和社会经济制度来建立合理的旅游业结构，对旅游业经营活动的各个环节进行协调，以形成强大的旅游业综合接待能力，从而保障旅游业的顺利发展。简而言之，旅游业的结构化管理对于其健康和持续发展至关重要。

一般来说，旅游业的结构可以分为旅游主体行业和旅游业辅助行业（图 1-1）。其中，旅游主体行业是直接为旅游者提供产品与服务的核心行业，包括旅行社业、住宿餐饮业、交通运输业、游览娱乐业等；旅游辅助行业是对旅游业整体发展起支持作用的行业，它们虽然不直接提供旅游产品或服务，但其存在和运作对旅游业的顺利运行至关重要。这些行业有手工业、商业、保险业、银行业等。

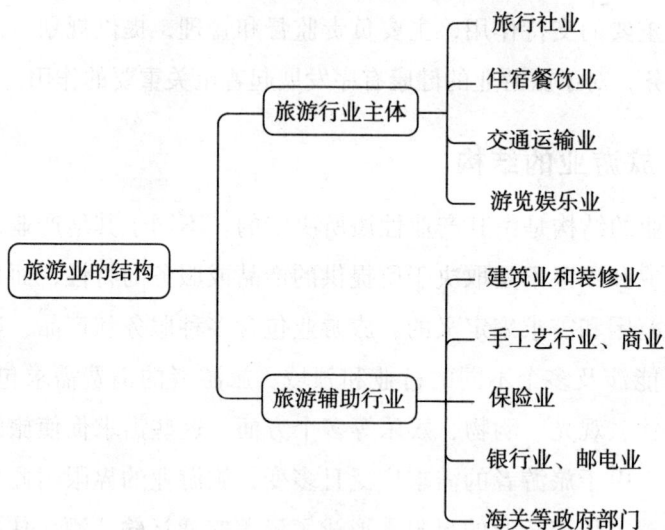

图 1-1 旅游业的结构

（一）旅游行业主体

旅游者进行旅游活动时，直接接触的是餐饮、住宿、交通、观光、娱乐以及购物等核心服务领域，这些领域构成了旅游业的基础性行业。这些行业对旅游者的满意度和整体旅游体验起着决定性的作用。

1.旅行社业

旅行社是为人们旅行提供服务的专门机构。[①] 通常情况下，旅行社主要向旅游者提供旅游咨询、行程规划、预订交通和住宿、组织团队旅游等服务。旅行社作为旅游业的重要组成部分，起着桥梁和协调作用，连接旅游者与各种旅游资源和服务。旅行社通过专业知识和资源网络，帮助旅游者节省时间和精力，使他们的旅行更加方便和愉快。除了基本的行程安排，许多旅行社还提供特色服务，如定制旅游、主题旅游、商务旅游和冒险旅游等。

2.住宿餐饮业

住宿餐饮业主要包括各种饭店、度假村、野营地以及各式餐馆和酒家。这些企业主要提供基本的食宿服务，并且成为旅游者和当地社区的重要社交场所。饭店业作为住宿餐饮业的核心，主要提供住宿和餐饮服务。然而，现代的饭店业具有更多的功能，扮演着更多的社会和文化角色，如为商务洽谈、文化娱乐等活动提供场地，同时在提供便利服务方面发挥着重要作用。随着旅游业的不断发展和旅游经济活动规模的扩大，饭店的数量和规模也在不断增长，现代化水平和服务专业化程度也在不断提高。现代饭店业变得更加高级、复杂，其建设、经营和管理已经成为一项专业化的活动，对于提升旅游业的整体水平和质量起着重要作用。

3.交通运输业

交通运输业是连接旅游目的地与客源地的桥梁，影响着旅游业的发展。没有现代化的交通工具，旅游者就无法到达旅游目的地，也就不会有繁荣的旅游业。旅游交通的作用不仅在于帮助旅游者跨越地理空间上的距离，更在于节约旅游者的闲暇时间，使旅游活动得以顺利进行。旅

---

① 黄安民.休闲与旅游学概论[M].2版.北京：机械工业出版社，2022：115.

游交通系统包括航空运输、铁路运输、公路运输和水上运输等多种形式，它们通过相互协作和发挥各自的优势，共同为旅游者提供便捷和舒适的服务。旅游交通对旅游业及其他行业的发展具有深远的影响，是促进旅游业创收、增加外汇的重要来源，交通运输业的发展和完善对于整个旅游业的健康和持续发展具有不可或缺的作用。

4. 游览娱乐业

游览娱乐业是旅游业的重要组成部分，由多个游览娱乐单位构成，在吸引游客和丰富旅游体验方面发挥着关键作用。游览业负责向旅游者提供各类景区和景点的访问服务，以及各种游览设施和服务，如导览服务、游览车辆等，使旅游者能够深入体验和欣赏旅游目的地的自然美景和文化特色。娱乐业则主要向旅游者提供多种娱乐场所和活动，包括剧院、音乐会、体育活动、主题公园、水上乐园等。通过这些娱乐设施和项目，娱乐业为旅游者提供放松和娱乐的机会，让他们在游览之余得到身心的愉悦和放松。

上述行业共同构成了旅游行业的主体产业，并在客观上存在一定的比例关系。每个行业主体的发展不是孤立的，而是与其他行业主体紧密相连，它们之间的比例关系对整个旅游业的健康发展至关重要。当这些行业主体之间的比例关系合理时，它们可以相互促进，共同发展，从而推动整个旅游业繁荣发展。相反，如果这些行业主体之间的比例失衡，可能会导致相互牵制、互相阻碍，影响旅游业的整体表现和发展。每个行业主体在旅游业整体构成中的比重，基于旅游者对该行业的需求质量和数量。因此，每个行业主体都应该基于旅游者的需求来决定投入的人力、物力和财力，以及形成的规模。这种以需求为导向的发展策略不仅可以更有效地满足旅游者的需求，还能确保旅游业各个行业主体之间协调发展，促进旅游业健康、持续发展。

（二）旅游辅助行业

旅游业的发展不仅依赖于其主体行业，也受到辅助行业的显著影响。这些辅助行业虽然不直接提供旅游服务，但是为旅游业的顺利运行提供了必要的支持和便利，有时甚至自身也成为吸引旅游者的因素。例如，建筑业和装修业负责为旅游业提供必要的旅游设施，如酒店、度假村等；手工艺行业和商业为旅游者提供各种商品，不仅能满足旅游者的购物需求，还可以作为当地特色和文化的象征吸引旅游者；保险业为旅游者提供各类旅行保险，确保旅游者在旅行中的安全；银行业和邮电业提供外币兑换、邮电服务等，以满足旅游者在异地的金融和通信需求；海关等政府部门可为国际旅游者提供出入境服务，保障国际旅游的顺畅进行。

三、旅游业的性质

（一）旅游业的基本性质是经济性

旅游业是社会经济发展到一定阶段的产物。只有在经济基础达到一定程度时，人们才会产生旅游需求，并促进旅游发展。没有一定的经济基础，旅游业是难以形成和发展的。另外，旅游业由众多不同规模、性质、地点、组织类型和服务范围的企业组成。这些企业直接或间接为旅游者提供各类产品和服务，旨在满足游客的物质和文化需求，同时获得经济利益。它们通过经济核算，力图获得最佳经济效益。在许多国家，旅游业已被视为国民经济的重要组成部分，并被纳入经济社会发展规划中。旅游业具有综合性经营的特点，它不仅自身发展，还能促进与之相关的其他经济行业的发展，从而带动整个地区经济的增长。此外，旅游业能够增加国家的外汇收入，并促进货币的流通。旅游业与社会经济的多个方面紧密相连，对促进地区和国家的经济发展具有重要意义。

（二）旅游业属于第三产业

旅游业是一个涉及众多行业、涵盖广泛领域的服务行业，属于第三产业。它的兴起和发展是社会分工日益精细化和劳动生产率提升的自然结果。随着经济和社会的发展，人们对于休闲娱乐、文化体验等非物质需求的追求日益增加，这直接推动了旅游业的繁荣发展。旅游业可以为社会提供大量的就业机会，促进交通运输、餐饮住宿、文化娱乐等相关服务行业的发展，对经济增长具有重要贡献。旅游业在社会经济活动中的作用越来越明显，它不仅是经济增长的重要动力，也是文化交流和国际理解的重要渠道。随着全球化的深入发展，旅游业的国际化程度不断提高，对促进全球经济一体化也发挥着重要作用。旅游业在第三产业中的地位愈发重要，已成为当代经济和社会发展的重要标志。

（三）旅游业的文化性质

旅游业的文化性质主要体现在它是一种文化性消费上。旅游消费不仅涉及物质资料，更重要的是涵盖了文化性、精神性资料。旅游者参与旅游活动，付出金钱和时间的主要目的是获取物质享受和满足较高层次的心理需求。旅游者的食、住、行、游、购、娱等方面的消费本质上是一种文化消费。例如，欣赏自然风光、了解历史遗迹、体验地方民俗、品尝特色美食、感受娱乐活动等，都是旅游者在进行文化消费。旅游业的任务是生产和提供能够满足这种文化消费需求的产品和服务，并通过这些产品和服务获得经济效益。同时，旅游业体现着旅游目的地国家或地区的文化发展水平。通过向旅游者提供具有文化内涵和特色的产品和服务，旅游业不仅满足了旅游者的需求，也为他们提供了完美的旅游体验，还促进了社会文化的发展。因此，旅游业既是经济产业，也是文化产业。在提供服务和产品的过程中，旅游业需要强调其文化特性，并在整个旅游过程中深入挖掘和展示文化内涵，以满足旅游者的物质文化和精神文化需求。

第四节　旅游业的地位与作用

一、旅游业的地位

旅游业在国民经济中扮演着重要角色。国民经济是一个有机的整体，各部门之间需要保持一定的比例关系，而每个部门在国民经济中的地位由其本身的特性、规模和运行状态决定。旅游业在国民经济中的地位，取决于旅游业的性质、发展规模和运行状况。旅游业本质上是以服务为主导的综合性服务行业。它提供包括食宿、交通、游览、购物、娱乐等在内的多种服务，可以满足人们对基础物质生活和精神生活的需求，是社会总产品供给实现的重要环节。旅游业通过促进社会产品在社会各劳动者间的合理分配，不断创造新的需求。从旅游业的发展规模来看，随着社会生产力的提升和经济的发展，旅游业在国民经济中的重要性日益显著。社会经济的发展使得人们的收入不断增加，人们在精神需求和享乐方面的支出也相应增加，这促进了旅游业的快速发展和规模的不断扩大。因此，旅游业在国民经济中的地位愈发重要，成为不可忽视的经济力量。

旅游业作为国民经济的战略性支柱产业，具有深远的经济和社会意义。战略性支柱产业的特点在于其对国家或地区经济社会发展的重要战略作用，以及在促进经济社会发展方面的广泛影响。旅游业正是符合这些特征的产业。旅游业本身具有相当的规模，并且拥有巨大的发展潜力。作为一个涵盖交通运输、住宿、餐饮、娱乐、购物等多个领域的综合性产业，旅游业在全球范围内都有着显著的经济贡献。随着人们生活水平的提升和对休闲娱乐需求的增加，旅游业表现出强劲的发展趋势。另外，旅游业能够对经济社会发展产生广泛的关联带动作用，间接促进其他行业的发展，如交通运输业、餐饮服务业、零售业等。

二、旅游业的作用

（一）推动旅游发展

1.旅游业是旅游供给的重要提供者

旅游供给通常包括自然旅游资源、旅游基础设施、旅游上层设施、交通运输和文化资源。其中，除了自然旅游资源，绝大部分都是由旅游业提供的。旅游基础设施，如酒店、餐馆和其他住宿设施，为游客提供基本的住宿和餐饮服务。旅游上层设施，如各类旅游景点、娱乐设施等，为游客提供丰富的旅游体验。交通运输则是连接不同旅游目的地，保证游客顺利到达和离开的关键。文化资源，无论是自然形成的还是人为创造的，都可以为旅游业增添无限的魅力。在现代大众旅游中，旅游活动的顺利进行是需求和供给双方共同作用的结果。如果没有旅游业提供的丰富和高质量的供给，仅仅依靠旅游需求是无法支撑起旅游业的发展的。因此，旅游业不仅是满足旅游者需求的重要来源，更是推动旅游发展的核心力量。通过提供多样化和高品质的旅游产品和服务，旅游业可以保证大众旅游的持续发展和繁荣，对旅游目的地的经济和社会发展产生深远的影响。

2.旅游业是旅游交换关系的组织者

旅游业在推动旅游发展中扮演的另一个关键角色是旅游交换关系的组织者。旅游业的组织作用体现在对供给和需求两方面的有效管理和协调上。在供给方面，旅游业需要根据市场需求组织和提供一系列配套的旅游产品，包括旅游路线的规划、住宿和餐饮服务的安排、旅游景点的选择与开发等。这些产品和服务的组织需要考虑到旅游市场的需求变化，确保旅游产品和服务能够满足游客的期望和需求。在需求方面，旅游业通过多种方式为其产品吸引客源，包括市场营销、广告宣传、与旅游代理商合作等，旨在吸引更多的游客并促进他们对旅游产品的消费。从旅游业诞生之日起，这种组织作用就非常明显。正是因为旅游业在组织供给和需求方面的有效作用，使得旅游业从无到有，并推动旅游活动向规模化和专业化发展。现代包价旅游的推出和包价旅游团的普及正是旅游业组织能力的体现。通过将交通、住宿、观光等服务组织在一个包价中，旅游业可以为游客提供方便、经济的旅游选择，同时为自身创造稳定的收入来源。

3.旅游业为旅游活动的开展提供了便利条件

在旅游发展的早期阶段，旅游活动的完成主要依赖两个基本要素：旅游者（即旅游活动的主体）和旅游资源（即旅游活动的客体）。然而，在现代旅游中，完成旅游活动的要素已经不再局限于旅游者和旅游资源，而是增加了旅游业这一中介。通过旅游业提供便利服务，已成为大众旅游的一种规范化模式。它在旅游客源地与目的地之间、旅游动机与旅游目的实现之间架起了便利的桥梁。这意味着旅游者在有需求时无须担心旅游过程中可能遇到的各种困难和问题，旅游企业可以为其提供从出发到返回的全程服务，包括交通安排、住宿预订、餐饮服务、旅游路线规划、导游服务等。在这种便利作用的刺激下，旅游活动的规模不断扩大，人们外出旅游的距离也变得越来越远。旅游业通过简化和优化旅游过程，使得旅游变得更加容易可行，极大地降低了旅游的复杂性和不确定性。这不仅吸引了更多的人参与旅游活动，也使得旅游成为一种普遍的休闲方式。

（二）拉动区域经济

旅游业因其强大的关联带动性，在拉动区域经济发展方面具有显著作用。当某个地区开始发展旅游业时，其经济效应并不局限于旅游产业本身，而是能够带动整个区域经济的发展。对于那些经济相对落后、发展工业存在困难，但对拥有丰富旅游资源的地区来说，大力发展旅游业不仅能够有效利用当地的自然和文化资源，还能通过旅游业的关联带动功能促进地区经济的全面发展。旅游业的发展将刺激当地的住宿、餐饮、交通、零售、娱乐等相关行业的增长，为区域经济注入新的活力，带来更多的就业机会，增加地方政府的税收，为公共基础设施建设和社会服务的改善提供资金支持。此外，旅游业的发展还能改善人们的生活设施和条件，提升当地居民的生活水平。随着旅游业的繁荣，当地居民不仅可以从事旅游相关的工作，还能享受到更好的服务和设施，如更为优化的交通网络、更丰富的娱乐活动、更完善的公共服务等。

（三）提供就业机会

随着科学技术的进步和劳动生产率的提高，传统的第一产业（农业）和第二产业（工业）所占的劳动力比重在逐渐减少。与此同时，旅游业作为一个快速发展的产业，成为创造就业机会的重要领域，在直接和间接就业方面贡献显著。旅游业的直接就业包括在旅游业内各企业中的就业机会，如酒店、饭店、旅游景点、商店、运输服务以及旅游管理部门等。这些部门和企业直接面向旅游市场，提供各种服务，需要大量的员工。这些工作岗位不仅多样化，涵盖从前台接待到后勤管理等多个方面，而且对技能和经验的要求相对灵活，为不同背景和技能水平的求职者提供了广泛的就业机会。间接就业则发生在旅游业之外的相关行业，如旅游业的发展带动了当地的建筑业等相关行业的增长，这些行业为支持旅游业的运营，也需要招聘大量员工。因此，旅游业的发展不仅促进了自身的就业增长，还对周边行业产生了积极的就业拉动效应。

旅游业之所以能够创造众多就业机会，是因为它是一个以服务为中心的综合性产业，依赖大量的人力资源来提供服务。从导游到酒店服务员，从旅游策划到市场营销，旅游的每一个环节都需要专业和非专业的工作人员。因此，旅游业成为吸引剩余劳动力的"蓄水池"，在解决社劳动力就业问题上发挥着重要作用。随着旅游业的持续发展和市场需求的不断增长，预计未来旅游业在创造就业机会方面的作用将进一步增强，对经济社会发展产生更加深远的影响。

（四）促进国际交流

旅游业在国际交流方面的作用主要体现在两个方面：一是促进国际文化交流。旅游活动使人们有机会亲身体验不同国家和地区的文化、历史和传统。通过参观历史遗迹、体验当地民俗风情、观赏艺术表演以及品尝地方美食，旅行者能够感受到不同文化的独特魅力，有助于增进对不同文化的了解和尊重，打破文化隔阂，促进文化的多元性和多样性。国际的旅游交流也为各国文化之间的互动和相互理解提供了更广阔的平台，使世界文化变得更加多元和丰富。二是有助于促进国与国之间的友好和平关系。通过旅游，人们能够跨越国界，与不同国家的人民亲密接触，拉近国与国之间的距离，增进相互了解和友好，有助于构建和谐稳定的国际关系。

（五）影响文化发展

文化是人类在社会发展进程中创造的所有物质财富和精神财富的总和，它既是社会现象，也是以一定的物质基础为依托的。随着社会物质生产的进步，文化的内容不断发展，内涵日渐丰富。可以说，人类社会的发展过程本质上是文化变迁的过程。旅游业的发展与文化之间存在着紧密的联系。这种联系主要体现在两个方面：一是旅游业的发展离不开文化。在旅游活动中，无论是过程还是内容，都涉及与文化的接触。文化是旅游业发展的基石，旅游活动本质上是文化体验。二是旅游活动本身是文化交流的过程。旅游者的流动不仅是地理位置的移动，更是一种文化与另一种文化的交流与碰撞。人员流动为不同的社会群体和民族文化之间的接触与交流提供了有利条件。因此，旅游业的发展过程也是世界各民族文化交流的过程，这种交流促进了文化的相互理解和尊重，丰富了文化的多样性和包容性。旅游业通过促进文化的交流与融合，不仅丰富了旅游体验，也促进了文化的传播和发展。

旅游业对文化产生的影响和作用是深远和多方面的。一方面，它在振兴和弘扬各民族传统文化方面起着关键作用。在旅游活动中，游客通常对各民族的独特文化表现出浓厚的兴趣，这成为各国发展旅游业时的宝贵资源。众多逐渐衰退甚至濒临消失的传统文化，能够借助旅游业的发展重新焕发生机并发扬光大。另一方面，旅游业促使民族文化个性突出。在现代文明的推动下，世界各民族文化的交流日益频繁，而旅游活动则是其中较为广泛和深刻的方式之一。旅游中的各种物质和非物质文化、语言交流使民族文化的精华得以保留和弘扬，同时使得落后的文化元素逐渐被淘汰，进一步凸显了各民族文化的个性，并增强了其对游客的吸引力。此外，旅游业对推动整个人类精神文明的进步也具有重要作用。通过旅游，人们有机会了解其他国家和人民，这是文化交流的重要途径。旅游业的发展有利于促进世界文化的共同进步，从而推动整个人类精神文明的发展。这是因为旅游活动开阔了人们的国际视野，加深了其对经济改革与发展的理解，加强了不同国家人民间的相互理解和友谊，促进了科技和文化的国际交流。这些因素共同促进了全球文明的进步，显示了旅游业在促进文化发展和交流方面的重要作用。

另外，旅游业也会对文化带来消极的影响，可能会对民族文化造成一定的冲击。随着国际旅游的增长，来自不同文化背景的旅游者带来了外来文化，外来文化的流入有时可能压制或淡化当地的文化特色，尤其是在那些文化保护机制不够健全的地区。此外，为了适应旅游市场的需求，许多传统文化和艺术形式可能被转化为商业娱乐产品。这种转变往往伴随着文化特色和内涵的丧失，使得一些原本丰富多彩、具有深厚历史和文化价值的传统文化变得表面化、商业化。在这一过程中，某些文化的原有意义和价值可能被改变或稀释，导致文化同质化和贬值。因此，旅游经济与文化是相辅相成的关系。从文化角度来看，旅游经济本身也是一种文化现象。在发展旅游经济的同时，必须对民族文化进行深入的分析和保护，以确保在促进旅游经济发展的过程中，民族文化的特色和精华得以保留和发扬。这需要旅游业和文化部门共同努力，制定合理的策略和措施，既促进旅游业的发展，又保护和传承文化遗产。

第二章　旅游业转型升级的理论基础

第一节　旅游业转型升级的基本理论

一、产业生命周期理论

产业生命周期（Industry Life Cycle）理论是在产品生命周期理论和企业生命周期理论的基础上形成的，它是指一个产业从产生到成长、衰亡的分阶段、有规律的过程。[①] 产业生命周期理论是美国经济学家雷蒙德·弗农（Raymond Vernon）在实证的基础上，在《产品周期中的国际投资与国际贸易》一文中提出的经典理论。产业生命周期是指产业从产生到衰亡期间内具有阶段性和共同规律性的厂商行为（特别是进入和退出行为）的改变过程以及产业发展各阶段的优势变化特性。[②]

针对一个特定产业的生成、成长和演进过程，人们可以采用产业生命周期理论来描述。与其他事物类似，每个产业都会经历产生、发展和

[①]　白嘉，张会新.资源型产业集群动力机制与政策选择[M].北京：中国经济出版社，2016：129.

[②]　王福君.区域比较优势与辽宁装备制造业升级研究[M].北京：中国经济出版社，2010：20.

衰退的过程，即拥有独特的生命周期。对于某一特定产业而言，从本质上来说，是由一些具有相似生产技术或产品特性的企业构成的。因此，该产业存在的基础是这些企业及其产品。企业，尤其是产品，都有其独特的生命周期，通常可以分为四个阶段，即投入期、成长期、成熟期和衰退期。在产品整个生命周期中，其销售额和利润额的变化呈现为倒"U"形曲线（图2-1）。

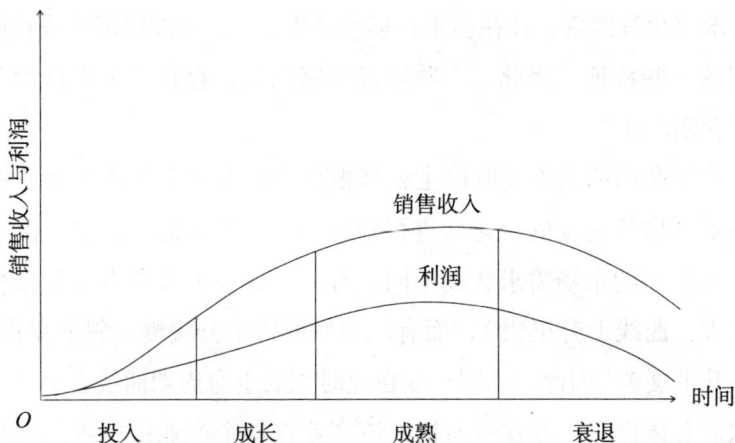

图2-1 产品生命周期曲线 [1]

鉴于某一产业是以其典型产品为基础的，因此可以采用划分产品生命周期的方法来划分整个产业周期，可划分为导入期、成长期、成熟期和衰退期。然而，由于一个产业的产出通常由多种相似的产品组成，很难用单个产品的生命周期来代表整个产业的生命周期，因而导致了两者之间的差异。这些差异主要体现在以下几个方面。

第一，产业生命周期曲线更为平缓，长度更长。由于一个产业通常聚焦于众多相似的产品，因此从某种意义上说，其生命周期是所有这些相似产品生命周期的叠加。因此，产业生命周期曲线相比单个产品的生命周期曲线更加平缓，长度更长。

第二，产业的生命周期具有明显的"衰而不亡"的特征。当一个产

---

① 徐军委.市场营销学[M].北京：企业管理出版社，2019：193.

业进入衰退期时，意味着该产业在整个产业系统中的比重将不断下降。然而，历史上全球各国产业结构的演变显示，进入衰退期的产业在原有产业中的比重虽然会减少，但对该产业产品的市场需求不会完全消失。因此，大多数产业表现为"衰而不亡"，真正"死亡"或"消失"的产业并不多见。

第三，产业生命周期曲线往往可能发生突变，实现"起死回生"，重新进入下一个发展周期。有些产业虽已进入衰退期，但由于技术进步或市场需求变化等因素，往往会重新焕发"青春"，再次展现出成长期甚至成熟期的一些特征。因此，一些经济学家认为，存在"夕阳技术"而不存在"夕阳产业"。

产业生命周期的不同阶段主要是根据该产业在全部产业中所占比重的大小及其增长速度的变化来进行划分的。在产业形成阶段，由于不同产业代表产品的市场需求状况不同，有的产业在形成期发展得较快（斜率变化大，曲线上升很快），而有的却发展得十分缓慢（斜率变化不大，曲线上升平缓）。因此，不同产业在此时期的生命周期曲线会呈现出不同的形状。总体而言，在这一时期，该产业在整个产业中所占的比重还很小。当某产业的产出在整个产业系统中的比重迅速增加，并且该产业在促进产业结构变动中的作用也日益扩大时，就可认为该产业已度过了形成期而进入成长期阶段。成长期阶段产业的主要特征是其发展速度大大超过了整个产业系统的平均发展速度，技术进步迅猛而且逐渐成熟，市场需求容量也迅速扩张。在生命周期曲线上表现为斜率较大，上升较快。在成长期，该产业产出的市场容量已趋饱和与稳定，同时该产业对产业结构变动的作用也基本上得到了发挥，因而其发展速度必将放缓。这标志着该产业从成长期步入了成熟期。在成熟期，生命周期曲线的斜率很小，变化平缓。相比其他阶段，此时该产业在整个产业中所占的比重最大。当市场上出现在经济上可替代该产业的新产业时，该产业占整个产业的比重开始下降，发展速度变为负数，表明该产业已进入衰退期。此时的生命周期曲线呈现不断下降的趋势，其斜率一般也为负数。

依据产业生命周期理论，旅游业也可分为四个阶段：导入期、成长期、成熟期和衰退期。在旅游业的导入期，某一地区或景点可能刚刚开始被认识和开发。这一阶段需要进行基础设施建设、宣传推广。政府、企业和其他利益相关者需要共同努力，以吸引游客并形成可持续发展的旅游产业。随着游客数量的增加，旅游业进入成长阶段。在这个阶段，重点应放在扩大市场份额、提高服务水平和吸引更多的游客群体上。新的旅游产品和服务可能会涌现，如冒险旅游等。当旅游市场逐渐饱和时，行业进入成熟阶段。在这个阶段，企业可能面临更加激烈的价格竞争。为了保持竞争力，旅游业可能会提供更个性化的服务、打造独特的旅游体验，或者加强市场推广。在衰退期，一些旅游目的地或产品可能在市场上逐渐失去吸引力，市场份额下降，企业需要重新审视业务模式，进行产品创新或者寻找新的市场机会。也就是说，面对产业生命周期的不同阶段，旅游业需要不断进行转型升级，以适应不同阶段的需求，提升行业的竞争力。

二、产业结构理论

旅游业转型升级的理论基础还包括产业结构理论。产业结构是指一个国家、地区或经济体系中各个产业（行业）在整个经济中的相对重要性和比重的组合。它反映了不同行业在经济中的占比，包括农业、制造业、服务业等各个领域。产业结构的演变通常与经济发展水平、技术水平、人口结构、资源配置等因素密切相关。

（一）库兹涅茨的理论

20 世纪 60 年代到 70 年代，美国经济学家西蒙·库兹涅茨（Simon Kuznets）对经济增长中的产业结构变化进行了深入研究。他在《各国的经济增长》和《现代经济增长》中，以产业内部结构的变化为研究主题，通过深度分析不同经济水平国家在同一时间序列的横截面数据以及一个国家在不同时期的纵截面数据，总结出了产业结构变动的一些普遍规律。库兹涅茨设想，在经济增长的早期阶段，即从前工业文明转向工业文明最迅速的时期，长期收入中的不平等会扩大，有一段时间处于稳定，后期阶段不平等会趋于缩小。[①] 之后，库兹涅茨将该理论描述为一种倒"U"形曲线（图 2-2）。

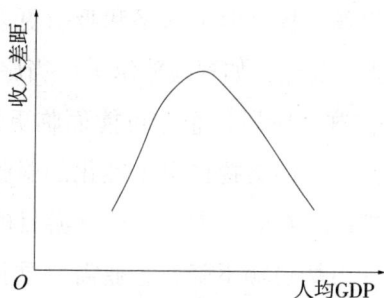

图 2-2　库兹涅茨倒"U"形曲线 [②]

库兹涅茨指出，大多数国家农业部门的比较劳动生产率均呈下降趋势，最终会降到小于 1 的程度；工业部门的比较劳动生产率会呈现上升趋势，并将保持大于 1 的状态；服务部门的比较劳动生产率则呈先下降后上升的趋势，因为服务部门的增加值增长缓慢，但吸收劳动力的能力却极强，因此，会造成相对比例的降低。[③] 同时，库兹涅茨对服务部门的内部结构变化情况做了简要的分析。他认为，20 世纪 50 年代中期，发达国家的商品贸易、公共服务和金融服务等行业的增加值在服务业产值中的比重将会增大。[④]

库兹涅茨的理论为人们理解旅游产业的转型升级提供了重要的基础。他在 20 世纪 40 年代总结了产业结构演进的规律，特别关注了劳动力的生产效率、就业率以及第一、二、三产业的发展。根据他的研究，可知第三

---

① 库兹涅茨.各国的经济增长 [M].2 版.常勋，译.北京：商务印书馆，1999：56.
② 权衡.收入分配经济学 [M].上海：上海人民出版社，2017：245.
③ 库兹涅茨.各国的经济增长 [M].2 版.常勋，译.北京：商务印书馆，1999：243.
④ 库兹涅茨.各国的经济增长 [M].2 版.常勋，译.北京：商务印书馆，1999：345.

产业，即服务业领域，从业人员比重和产值比重在整个工业化时期都在不断上升。这是因为服务业发展与消费升级呈正相关关系，随着消费水平的提高，对服务业的需求不断增加，服务业也需要不断吸纳更多的劳动力。

旅游业作为第三产业的重要支柱，其发展与服务业的整体趋势有着紧密联系。随着经济的发展，人们对于休闲和文化消费的需求增加，服务业在整体产业中的比重上升，能够为旅游业提供更广阔的发展空间。随着消费升级，旅游业除作为基础服务的提供者之外，还可以满足人们文化、娱乐、体育等多元化的需求，这有助于进一步推动旅游业转型升级。

（二）钱纳里－赛尔奎因理论

20世纪80年代，钱纳里（Chenery）和赛尔奎因（Syrquin）基于经济发展视角，研究产业结构在第一、二、三产业之间不断转变的规律，以发展中国家为基础，研究经济增长与产业结构优化升级之间的关系，构建了标准产业结构理论模型。该理论模型表明，当人均国民生产总值增长时，则第一产业市场占有率下滑，第二产业也呈现下滑趋势，唯有第三产业市场占有率呈上升趋势；当人口增加时，第一、二产业市场占有率均上升，其中第一次产业更为明显，但第三产业呈下降趋势；当资源分配的投资比率增长时，第一、二产业市场占有率仍表现为上升，第三次产业则表现为下降；当初级产品（第一产业产品）输出比率增长时，仅第一产业市场占有率呈上升趋势，第二、三产业均表现为下降；当工业品（第二产业产品）输出比率增长时，除第一产业市场占有率呈下降趋势外，第二、三产业均表现出上升状态。

根据钱纳里和赛尔奎因的标准产业结构理论模型，随着人均国民生产总值的增长，第三产业的市场占有率呈上升趋势。这表明，在经济发展的过程中，服务业，包括旅游业在内，会逐渐占据主导地位。因此，随着国家整体经济的发展，旅游业有望迎来转型升级的契机。初级产品（第一产业产品）输出比率增长时，可能对旅游业产生一些影响，因为初

级产品输出的增加可能会影响其他产业。然而，通过开发多元化产品和服务，可以降低对初级产品的依赖，推动旅游业升级。当工业品（第二产业产品）输出比率增长时，可能对旅游业有利，因为工业品输出的增长可能意味着更多的人拥有更多可支配的收入，从而增加旅游支出。因此，要实现旅游业可持续发展，需要采取灵活的政策措施，促进旅游业在国家经济结构中积极演变。

三、产业集聚与产业集群理论

在区域差异的背景下，特定地域空间内产业的发展往往呈现出集聚和集群的趋势。这种集聚和集群发展在一定程度上能够促进知识的传播，从而提高整个产业的生产效率。然而，这种技术进步和创新并非没有限制，其范围和创新程度存在一定的局限性。

（一）外部经济集聚理论

经济学家阿尔弗雷德·马歇尔（Alfred Marshall）早在 1890 年出版的《经济学原理》中就提出了"产业聚集""内部聚集"和"空间外部经济"的概念，为现代产业经济聚集发展提供了理论支撑。[1] 他认为，主要有三个方面导致产业集聚的产生：一是聚集能够促进专业化投入和服务的发展；二是产业集聚于一个特定的空间能够提供特定产业技能的劳动力市场，从而确保工人较低的失业率，并降低劳动力出现短缺的可能性；三是产业集聚能够产生溢出效应，使聚集企业的生产函数优于单个企业的生产函数，企业从技术、信息等的溢出中获益。[2] 根据马歇尔的观点，产业集聚区域内的专业化分工程度将提高，并逐步形成紧密联系的生产和服务网络。同一产业内更多的企业聚集于一个空间，有助于吸引所需的生产要素，如劳动力、资金、能源、运输以及其他专业化资源。

---

[1] 马歇尔.经济学原理[M].朱攀峰，译.北京：北京出版社，2007：70.
[2] 马歇尔.经济学原理[M].朱攀峰，译.北京：北京出版社，2007：71.

这些要素的聚集将降低整个产业的平均生产成本，并随着投入品专业化程度的加深，生产效率将提高，使得该空间内的企业更具竞争力。然而，需要注意的是，马歇尔的理论主要适用于解释同一产业内的聚集，而无法解释不同产业之间的聚集现象。

（二）技术创新型产业集聚理论

美籍奥地利经济学家约瑟夫·熊彼特（Joseph Schumpeter）认为，创新不是孤立存在的，技术创新及其扩散促使具有产业关联性的各企业形成集群。这种分布在时间上不是均匀的，它们倾向于聚类或聚集发生。由于战争、恶劣的气候等外部因素的影响，集聚的创新和经济周期一样会存在波动。熊彼特指出，产业的第一个创新企业往往比随后的技术跟随者要面临更多的困难。技术创新者存在很多不确定性障碍，其失败的风险也比较大，但一旦成功，就会对后来者产生极大的激励，包括观念、认识、信心及行为等。他还指出，创新是一个学习过程。首次创新的失败者会给后来者提供失败的教训和成功的经验，因而创新的成功会形成技术创新的群集现象。[①]

（三）竞争优势理论

迈克尔·波特（Michael Porter）从经济竞争优势的角度出发研究了产业集群的经济现象。波特认为，产业集群是指在某一特定领域内互相联系的、在地理位置上集中的公司和机构的集群。产业集群包括一批对竞争起重要作用的、相互联系的产业和其他实体。在波特看来，集群包含了一系列相联系的产业和其他对抗竞争的主体，与其他组织一样，它也有一个产生、演化和消失的过程。波特认为，可以将跨越产业和机构的各种联系和协同性定义为集群边界，它对竞争来讲是至关重要的。虽

---

① 熊彼特. 经济发展理论 [M]. 何畏，易家详，译. 北京：商务印书馆，1990：89.

然集群通常以政治为边界，但它们也有可能超越区域的边界甚至国界。产业集群既促进竞争又促进合作。竞争对手为取胜和保留客户，要进行激烈的竞争。如果没有激烈的竞争，集群就会走向失败。与此同时，竞争对手会有合作。这种合作大多数是垂直的，介于相关产业中的公司和本地机构中。竞争与合作能够并存是因为它们发生在不同的领域，发生在不同的参与者身上。①

根据波特的竞争优势理论，旅游业的产业集群可以被看作在某一特定领域内相互联系、地理位置上集中的公司和机构的集合，包括相互联系的旅游产业和其他相关实体。旅游产业集群有助于形成一个相互依赖、协同发展的生态系统，从而在区域内获得竞争优势。通过形成紧密联系的生产和服务网络，旅游业集群可以实现生产要素的聚集，如将劳动力、资金、能源、运输聚集在一起，有助于降低整个产业的平均生产成本，提高竞争力。在旅游业的产业集群中，竞争和合作并存。各个旅游企业为了取胜和保留客户而进行激烈的竞争，与此同时，它们会在垂直方向上与相关产业中的公司和本地机构进行合作。这种竞争与合作并存是因为它们发生在不同的领域和参与者身上。虽然旅游业通常以政治为边界，但也有可能超越地域边界，甚至跨越国界。旅游业集群的竞争和合作的动态推动了整个行业的创新和升级，促使企业更好地适应市场需求和提高综合竞争力。

第二节　旅游业转型升级的概念与特征

一、旅游业转型升级的概念

谢春山等认为，旅游产业的转型升级是产业转型与升级的有机结合，既包括旅游产业发展模式与发展形态的改变，也包括产业结构的优化与

---

① 波特.竞争优势[M].陈小悦，译.北京：华夏出版社，2005：8.

产业要素的提升。[①] 旅游业的转型升级是其发展到一定程度后，为适应市场变化、提升竞争力和实现可持续发展而进行的一系列战略性调整和改进。这一过程旨在应对产业发展中出现的问题和挑战，使旅游业能够更好地适应新的经济、社会和技术环境，实现更高水平的发展和价值创造。在旅游业发展初期，通常以规模扩张和景点开发为主要手段，以满足旅游需求为核心目标。然而，随着时间推移和市场的变化，旅游业可能面临一系列问题，如资源消耗过大、环境压力增大、服务质量不尽如人意等。这时，旅游业需要进行调整，以迎接新的发展阶段。转型是指对旅游业的根本性变革，可能涉及产业链的重新设计、商业模式的彻底颠覆、市场定位的重塑等。在这一过程中，旅游业可能选择探索新的业态和业务模式，引入先进的科技和管理理念，以应对日益复杂和多元化的市场需求。例如，通过数字化技术提升游客体验，推动旅游可持续发展，探索新兴市场领域等。升级则是在旅游业原有模式的基础上进行的改进和提升，包括提高服务质量、优化资源配置、引入创新的管理方式、加强品牌建设等。升级注重在保持旅游业基本稳定运行的同时，通过提高效率和降低成本来增强市场竞争力。例如，通过培训员工提升服务水平，通过优化线路设计提高旅游产品的吸引力，通过改善设施设备提高游客满意度。无论是转型还是升级，都需要旅游业在调整中找到可持续发展的路径，这涉及政策的支持、技术的创新、市场需求的研究等多方面的因素。在此过程中，旅游业应更重视可持续性发展，将经济效益、社会效益和环境效益进行有机结合，积极推进绿色生态服务体系建设。

旅游产业的转型升级是由游客需求推动和引导的复杂过程，涉及旅游产业与相关领域的深度融合、产业集聚、结构调整以及规模扩张。在这个过程中，旅游产业以游客需求为核心，积极与各个产业领域进行深度整合和重塑，催生了多个新兴业态，如商务旅游、生态旅游、红色旅

---

① 谢春山，孟文，李琳琳，等.旅游产业转型升级的理论研究[J].辽宁师范大学学报（社会科学版），2010, 33（1）: 37-40.

游、乡村民俗旅游、高端旅游、主题旅游、特种旅游、自驾车旅游、科技旅游、滨海旅游、游轮旅游、温泉旅游、度假旅游等。与此同时，旅游产业的转型升级还表现为内在要素和技术的利用效率不断提升，呈现出资本效率下降、劳动效率上升和技术贡献率提高的趋势。这标志着旅游产业正经历着从传统产业向现代服务业的深刻变革和升级。

旅游产业的转型升级体现在不同层面，从微观、中观到宏观的多个维度均有明显的表现。观察产业升级的一般规律，可以发现旅游产业的发展过程遵循了相似的规律。首先，旅游产业转型升级的第一阶段体现为微观领域的创新，如服务、产品、营销等方面的创新。通过满足消费者个性化需求、提升体验质量等方式，从微观层面推动产业不断进步。其次，旅游产业转型升级的第二阶段表现为中观的产业结构升级。这一层面的升级涉及整个产业链的变革和优化，包括供应链、价值链等方面的调整。产业结构升级不仅提高了产业的效益和竞争力，还促使相关产业部门更好地协同合作，形成更加紧密的生态系统。最后，旅游产业转型升级在宏观层面表现为该产业在国民经济与产业序列中地位的提升。通过持续的创新和结构升级，旅游产业逐渐成为国民经济中一个重要的支柱，对整体经济的贡献逐步增加。这不仅体现在经济数据的提升上，也体现在对就业、资源配置、社会服务等方面的贡献上。总之，旅游产业的转型升级是一个有机的过程，从微观的创新到中观的结构调整，再到宏观的整体提升，形成了旅游产业发展的整体路径。这一过程遵循了产业发展的一般规律，将旅游产业不断推向更高水平的发展。

旅游产业转型升级必须基于对旅游产业发展历程和历史阶段的深入了解，聚焦于构建旅游战略性支柱产业的未来目标。这一过程旨在使旅游产业在国民经济中发挥更为重要的作用，占据更大的比例，从一般性服务业逐步成长为国民经济的支柱性产业。同时，旅游产业转型升级表现为自身运行质量和水平的不断提高，表现为产业的投入与产出效率稳步提高。

二、旅游产业转型升级的特征

旅游产业转型升级是一个复杂而长期的过程，表现为旅游潜力的持续释放、产业结构的不断优化、经济速度的持续提升以及产业规模的不断扩张。这一过程同时涉及旅游要素的不断投入、要素效率的提升以及全要素贡献率的不断上升。旅游产业的转型升级既是一种条件和基础的建立，又是显性途径的探索，还是内在要求的实现。具体来看，旅游产业转型升级的特征主要体现在以下三个方面。

（一）潜力与规模特征

潜力与规模是实现旅游产业转型升级的条件和基础。从需求层面上看，旅游业转型升级成功的关键在于充分挖掘和利用旅游产业转型升级的潜在要素和条件，推动旅游产业规模的扩大，使其由一般性的服务业逐渐升级为国民经济的支柱性产业。同时，旅游产业的服务贸易在此过程中成为国民经济或区域经济的重要组成部分。旅游产业潜力与规模特征的描述和测度主要通过旅游需求的弹性等一系列概念进行。旅游消费的收入弹性、旅游产业结构生产力系数以及旅游产业规模指数等都是关键指标，可帮助人们了解旅游产业在转型升级过程中所具备的发展潜力和规模扩张的趋势。其中，旅游需求的弹性是衡量旅游产业潜力的重要因素，通过分析旅游消费对收入变化的敏感性，人们可以看出旅游需求在市场波动中的表现。弹性较高的需求意味着市场对于价格和收入变化更为敏感，为产业提供更大的发展空间。旅游产业结构生产力系数是评估旅游产业规模特征的关键指标，这一系数反映了旅游产业在不同层次上的生产效率，揭示了产业内部结构的升级和效率的提升。较高的生产力系数意味着更高效的资源利用，为规模升级创造了有利条件。旅游产业规模指数是衡量其整体规模扩张的重要工具，通过对产业规模的测量，人们能够了解其在国民经济中的占比，从而判断是否达到支柱性产业的水平。规模的持续扩大将促使旅游产业在国家或区域层面发挥更为重要的经济作用。

（二）融合与扩展特征

融合与扩展，是实现旅游产业转型升级的显性途径。从供给方面来看，融合是实现旅游产业转型升级的重要途径，有助于推动旅游产业和相关领域的产业化进程，培育多种新兴旅游业态，不断为旅游产业带来活力。融合与扩展能够极大地拓展旅游产业的范围，为实现"大旅游"和"大产业"的转型奠定基础。融合与扩展是在旅游需求不断释放和旅游活动规模不断扩大的背景下，推动旅游产业升级的关键步骤。旅游产业的融合路径是旅游产业边界扩展的路径，体现着一种密切关联的旅游产业规模扩张。通过对旅游产业进行融合与扩展，可以重新定义旅游产业的范围。这一过程不只是产业内部的整合，还是对旅游产业边界的重新划定，以更好地适应市场的需求和发展趋势。

旅游产业融合与扩展主要通过两个方面来实现：一是通过旅游产业内生性扩展，如文化旅游产业的发展。通过将文化元素融入旅游产品和服务中，旅游产业能够更好地满足游客对于独特体验的需求，实现了从单一旅游形态向多元文化旅游业态的拓展。二是通过旅游产业外生性扩展，即旅游产业对就业的拉动。旅游业的不断发展可以促进相关产业的增长，创造更多的就业机会，实现旅游需求与就业之间的良性循环。

（三）效率与技术特征

效率与技术，是实现旅游产业转型升级的内在要求。旅游产业效率是旅游产业升级的另一个方面，是体现旅游产业适应国民经济整体技术环境和运用现代科学技术提高产业效率的方面。基于旅游产业发展的技术与环境条件，旅游产业的效率升级是旅游产业运行水平和质量的定量描述与评价的重要依据。旅游产业效率升级主要表现为旅游产业运行、要素利用效率和增加值创造性来源从低到高的一个过程，这应该是一个波动发展和持续改进提升的过程。旅游产业效率与技术特征主要体现为资本效率的不断下降、劳动效率的逐步提高、全要素效率（技术贡献）的上升，同时，旅游产业的全要素效率相对国民经济的技术效率有着一定的优势。

旅游产业的转型升级是一个连续而动态的过程，主要体现在三个方面：首先，旅游产业的升级潜力得到有效发挥，结构不断优化，产业规模逐步扩大；其次，旅游产业的效率得到改善，服务生产力素质不断提升；最后，旅游产业在技术创新、民生战略和国际贸易等方面取得了重要突破，并且获得了政策及环境上的保障，推动产业良性发展。同时，旅游产业在特定阶段呈现出一些独特的实践性特征。目前，中国旅游产业转型升级的实践性特征主要体现在六个方面：第一，产品功能升级。从观光转向专项度假旅游，旅游产品更加多元化和专业化，可满足不同游客的需求。第二，需求多元化。从单一功能转向多元分散性的功能，旅游需求逐渐丰富，不仅仅是观光，还包括休闲、体验等多方面需求。第三，消费升级。从低水平消费转向高层次消费，游客对旅游体验的要求更高，愿意为更好的服务和体验支付更高的费用。第四，供给高附加值。从经济型产品转向高附加值产品，旅游产业更加注重产品品质和附加值，提高了产品的市场竞争力。第五，政府服务导向。从规划开发及管理转向公共服务，政府更注重提供服务、管理和规范市场，为旅游产业的健康发展提供有力支持。第六，产业功能转型。从经济导向性产业和刺激经济发展的领域转向居民生活的基础性民生产业，旅游产业逐渐成为居民生活的一部分，为社会经济的全面发展贡献力量。这些特征反映了旅游产业在不断适应市场和社会需求的过程中，经历了从单一功能到多元化、从低水平到高层次、从经济导向到社会服务导向的全面升级。

第三节　旅游业转型升级的内容与途径

一、旅游产品的转型升级

旅游产品是旅游业存在和发展的基础，是旅游经济活动的主体，旅游产品的品种、数量和质量直接关系到旅游业的兴衰和旅游经济的可持续发展。[①] 广义的旅游产品通常指的是整个旅游线路，也就是将一系列的旅游景点（区）以及节庆活动等旅游项目串接起来，为旅游者提供满意、印象深刻的旅行。狭义的旅游产品指的则是单纯的景点或项目等（此处的旅游产品不包括旅游商品）。[②] 简单来说，旅游产品是为满足旅游者需求而提供的具体旅游服务和体验的组合，主要包括交通服务、住宿服务、用餐服务、旅游景点、导游服务、娱乐和文化活动、特色体验等。旅游产品的设计和组合需要考虑到旅游者的多样性需求，以及不同目的地的特色和文化。成功的旅游产品应该能够吸引和满足旅游者，为其提供独特而愉悦的旅游体验。

旅游产品事关旅游者的直接体验，对整个旅游产业的转型升级至关重要。它既是吸引旅游者的核心因素，也是引发旅游兴趣的最终原因。在旅游产品的转型升级中，关键在于将其从单一、粗放的形态转变为系列化、精品化的方向，由传统的观光导向逐渐发展为主题型、休闲型、度假型和个性化方向。具体而言，旅游产品的转型升级首先需要根据市场需求及时调整和改进产品的开发与设计，以最大限度地凸显产品的个性，满足旅游者的多样需求。其次，深入挖掘旅游产品的文化内涵，通过文化创意、包装和经营等手段精心打造文化主题型旅游产品，以提升产品的文化品位和市场竞争力。最后，充分应用先进科技和信息技术，开发具有现代氛围和高科技含量的旅游产品，以满足旅游者对新颖、奇

---

① 　马海龙.旅游经济学 [M].银川：宁夏人民教育出版社，2020：82.
② 　陈来生.旅游创意与专项策划 [M].天津：南开大学出版社，2013：62.

异和独特体验的追求。这一过程要紧密关注旅游者需求，确保产品在市场竞争中具有优势。

（一）以市场为导向的产品开发与设计

在进行旅游产品的开发与设计之前，应深入了解旅游市场的动态和旅游者的多元需求，包括对目标市场的详尽了解，如潜在客户的偏好、旅游趋势、竞争态势等。相关人员不仅要考虑当前的需求，更要对未来趋势有清晰的预判，以确保产品具有持久的吸引力。在产品设计过程中，要通过客户调查、社交媒体分析、用户评价等多种途径，建立一个能够实时获取市场反馈的机制。通过这些反馈，产品团队能够及时了解市场的变化，快速做出相应的调整，确保产品在市场上始终保持竞争力。需要注意的是，创新设计团队的组建对于旅游产品开发与设计具有十分重要的作用。这个团队需要涵盖多个领域的专业人士，包括市场专家、旅游产业专业人员和创意设计师。市场专家能够提供对市场趋势的深刻洞察；旅游产业专业人员能够提供产业特性；创意设计师则能够为产品注入独特的创意元素。在竞争激烈的旅游市场，产品上市的速度往往决定了市场份额。因此，产品开发流程应该是一个高度敏捷的过程，能够在市场变化的同时快速做出反应。这要求整个产品开发流程具备灵活性，能够在不同阶段进行快速迭代。在实践中，旅游产品的开发与设计并不是一劳永逸的，而是需要持续投入和改进的。团队需要时刻保持对市场的关注，灵活调整产品设计，以适应旅游市场的动态变化。

（二）积极打造文化主题型旅游产品

为促进旅游产品的转型升级，要通过深入挖掘文化内涵，提供更具深度和独特性的旅游体验，满足游客对多样化、有趣性及富有文化底蕴的旅游活动的需求。

打造文化主题型旅游产品，首先要对本地历史、传统、风俗习惯、民间艺术等各个方面进行深入研究和挖掘。通过了解和发掘地方独特的文化元素，为产品注入地方特色，形成独一无二的文化主题。在产品设计过程中，要充分发挥设计团队的创造力，将挖掘到的文化元素巧妙地融入产品中。创意设计要能够通过形式上的独特性，使游客在体验中感受到深厚的文化内涵。旅游产品包装也是打造文化主题型旅游产品的关键，相关人员可以通过文化包装来传递产品的文化主题，包括产品的命名、标志设计、宣传语等方面，使游客对产品有更直观深刻的文化印象。此外，体验式经营是打造文化主题型旅游产品的有效手段。在产品运营过程中，需要注重提供独特的、具有文化深度的体验。这可以通过举办文化讲座、组织文化表演等方式来实现。通过深度的文化体验，游客可以更好地理解和感受到产品所蕴含的文化内涵。

打造文化主题型旅游产品是一项系统工程，需要多方共同参与。通过与当地文化机构、艺术家、历史学者等合作，可以获取更深层次、专业的文化资源。这种合作不仅能够为产品提供更丰富的文化内涵，还可以加强产品与当地社区的联系，形成多方共赢的局面。

（三）运用先进科技与信息技术

通过结合虚拟现实（VR）、增强现实（AR）等数字技术，旅游产品可以为游客提供更加丰富、沉浸式的体验。VR技术可以让游客身临其境地感受远离现实的旅游场景。在博物馆、历史遗迹等场所，AR技术可以为游客叠加数字信息，提供更深入的解说和互动体验。通过数字化体验，旅游产品可以打破时间和空间的限制，让游客在虚拟世界中畅游，增强产品的吸引力。另外，智能服务是旅游产品提升服务水平的重要手段。引入智能导游、智能预订系统等智能服务，可以提高旅游产品的便捷性。智能导游可以为游客提供个性化的旅游路线推荐、实时解说和问题解答。智能预订系统可以根据用户需求推荐合适的酒店、交通工具等，以提升整个旅游过程的流畅性。通过智能服务，旅游产品可以更好地满足游客个性化的需求，提升整体服务体验。组建专业的科技团队，密切关注科技发展趋势，不断引入新技术，是实现旅游产品转型升级的内在保障。这个团队可以致力研究和开发与旅游相关的新技术，如人工智能、大数据分析、区块链等，以应对市场的不断变化。通过科技团队的努力，旅游产品可以紧跟科技发展的步伐，确保产品始终保持现代化和创新性。

二、旅游企业的转型升级

旅游企业是指专门从事旅游服务和相关业务的经济实体，提供各种旅游产品和服务，以满足不同游客的需求。旅游企业的规模和类型各异，包括旅行社、酒店、餐厅、旅游公司、航空公司、度假村等多种形式。

旅游企业的转型升级是旅游产业转型升级的核心和关键，能够使企业更适应现代旅游市场的需求，提高服务水平和效益，实现从传统经营向创新发展的转变。这个过程涵盖了多个方面，从经营模式到服务质量再到国际市场竞争，都需要旅游企业在转型升级的过程中做出相应的调整和改进。

（一）以旅游者的需求为核心

旅游企业的转型升级需要以旅游者的需求为核心，深入了解旅游者的多样化需求，并根据这些需求调整和创新旅游产品和服务。旅游企业可以通过技术手段和数据分析等方式更好地了解旅游者，提供个性化定制服务，从而吸引更多的旅游者和提升企业市场份额。在现代旅游业的激烈竞争环境中，旅游企业要想取得竞争优势和实现可持续发展，就必须以旅游者的需求为核心。这是因为，旅游者的需求是企业存在和发展的基础，而满足这些需求是实现企业成功的关键。

旅游企业可以通过多渠道获取旅游者的反馈，全面了解旅游者的期望、兴趣、偏好，从而指导企业在产品开发、服务设计上做出更为精准的决策。此外，建立积极的沟通渠道是满足旅游者需求的重要手段。通过建立客户服务热线、社交媒体平台、在线聊天等多样化的沟通渠道，企业能够与旅游者保持更为密切的联系，及时获取他们的反馈和建议，以便做出调整和改进。为了向旅游者提供优质的服务，旅游企业还需要注重员工培训，提高服务质量，建立并不断完善质量管理体系。

（二）实现集约化经营

旅游企业需要调整发展方向和目标，由粗放经营转变为集约化经营，实现企业的效益提升。通过引入现代经营管理模式，推动企业向品牌化、网络化、集团化发展，提升企业整体素质。在这一过程中，企业需要注重管理创新，引入先进的管理理念和技术手段，提高企业的运营效率和灵活性。

对于旅游企业而言，集约化经营是指通过合理整合资源，提高资源利用效率，实现运营的集约和高效。集约化经营强调资源的最优配置，以降低成本、提高效益，并在整个价值链上创造更大的附加值。实现集约化经营不仅有助于提高内部运作效率，更是在激烈市场竞争中获取竞争优势的关键。要想实现集约化经营，需要旅游企业建立全面的合作伙伴关系。通过与供应商、服务提供商、社区和其他旅游相关机构的合作，企业可以更好地整合外部资源，形成共享的合作体系。这有助于提高资源利用效率，降低采购成本，同时拓宽企业的业务范围。旅游企业在实现集约化经营的过程中，还要注重人力资源的合理配置。将员工与企业战略目标更好地对接起来，提高员工的专业素养和工作效率，是集约化经营的关键一环。员工的积极性和创造性，将为企业的集约化经营提供有力的支持。另外，建立标准化的管理流程也是实现集约化经营的重要一环。通过建立清晰的流程和规范化的管理体系，企业能够更好地控制运营环节，减少浪费，提高管理效率，并有助于形成内部的组织文化，提高员工的工作效率和企业的整体竞争力。在实现集约化经营的过程中，企业需要注重市场信息的收集和分析。通过深入了解市场需求、竞争格局和行业趋势，企业可以更好地调整产品和服务的组合，以适应市场的变化。这需要建立健全市场研究和信息反馈机制，使企业能够迅速做出反应，保持竞争优势，从而实现可持续发展。

（三）加强服务创新

为实现旅游企业的转型升级，应进一步加强服务创新。通过引进和推广现代服务理念，提升服务水平，增加服务附加值，提供更丰富的旅游体验，整合本地文化资源，发展特色旅游产品，以吸引更多游客并增加客户留存率。一方面，服务创新要求旅游企业深度挖掘和整合本地文化资源。通过深入了解本地的历史、传统、民俗和艺术等文化元素，企业可以将这些独特的文化资源融入服务中，提供具有地方特色和独一无二的旅游体验。这不仅能够吸引更多的游客，还能够提高客户留存率，形成强大的品牌影响力。另一方面，服务创新要求企业发展特色旅游产品，提供更加个性化和差异化的服务。通过与当地的文化机构、艺术家、手工艺人等建立紧密的合作关系，旅游企业可以开发出独具特色的旅游线路、活动和体验项目。这不仅能够满足游客个性化和独特性的需求，还能够使企业在市场上脱颖而出，形成竞争优势。

在服务创新的过程中，引进现代服务理念是关键一环。这包括提升服务质量、加强客户关系管理、实施差异化服务等方面。通过引入先进的服务管理理念和技术手段，企业能够更好地了解客户需求，提高服务响应速度，优化服务流程，提升整体服务水平。现代服务理念还强调客户参与，通过客户体验和反馈，企业可以不断优化服务，满足客户的个性化需求，提高客户满意度。另外，服务创新还要求企业进行组织和文化上的变革。在组织方面，要建立弹性化的组织结构，提高员工的灵活性和创造性。在文化方面，要建立服务至上的企业文化，将服务理念融入企业的核心价值观中，使每位员工都深刻理解和贯彻服务创新的理念。

只有通过组织和文化的双重变革，企业才能真正实现服务创新，使其深深植根于企业的经营中。

三、旅游市场的转型升级

旅游市场是指由游客和旅游服务提供者之间的相互关系和交易所形成的经济体系，包括各种旅游服务和产品的供给和需求关系。这个市场涉及游客的旅行需求和旅游服务提供者的产品和服务供给，两者共同形成一个复杂而庞大的产业链。

在旅游市场中，参与主体可以分为两类：一类是游客（需求方）。游客有各种旅行和度假的需求。游客的需求因人而异，包括休闲、度假、文化体验、探险等。游客的选择受到各种因素的影响，如个人兴趣、预算、时间安排等。另一类是旅游服务提供者（供给方）。旅游服务提供者包括各类企业和机构，如酒店、航空公司、旅行社、餐饮店等，致力满足游客的需求，提供各种旅游服务和产品。

旅游市场的转型升级不仅需要准确洞察旅游需求，灵活调整市场营销策略，还要平衡国内和国际两个市场，构建结构合理的客源市场体系。当前，旅游者呈现从传统观光逐渐向休闲、度假倾斜的总体趋势。他们更倾向于在一两个核心城市周边进行综合旅游活动，涵盖观光、娱乐康体、休闲度假以及购物消费等多重目的。在这一新形势下，旅游产业必须根据旅游者需求及时调整战略和对策，以促进整体产业素质的提升。近年来，中国旅游业已经发生了重大变化，从最初优先发展入境旅游，逐步调整为以扩大内需为主，入境、国内和出境旅游协同发展。在这一调整过程中，国内旅游已经成为中国旅游业发展的主导力量和核心动力。因此，要实现旅游市场的转型升级，需要精准把握国内、国际市场旅游需求的演变趋势，以此为依据来定位和规划转型升级的内容和层次。在这个过程中，必须实现市场运营的统筹兼顾，确保主次分明，促使旅游市场协调发展。

四、旅游产业的转型升级

为实现旅游产业的转型升级，应重点关注产业结构各组成要素内在素质的提升以及它们之间的协调与配合。通过对"食、住、行、游、购、娱"六个要素的合理配置，实现旅游产业的全面转型和升级。

（一）深化产业整合，构建全面服务体系

以旅行社的产品组合为龙头，引领其他要素调整和升级。通过组建集旅行社、餐饮饭店、汽车公司于一体的旅游集团公司，拓展企业规模，延伸产业链条，以此增强旅游产业的活力和竞争力。在这个过程中，不同业务部门之间的协同合作尤为关键。例如，旅行社与餐饮饭店通过紧密合作可以提供一站式服务，为游客提供更便捷的旅游体验；与汽车公司整合可以优化交通资源，提高运输效益。

为满足多元化的旅游需求，旅游产业需要创新服务模式。这包括在产品设计和提供过程中注重个性化服务，更好地满足不同游客群体的需求。通过深入挖掘目标客户的兴趣和偏好，旅游产业可以开发更加独特、富有吸引力的旅游产品。个性化服务还可以通过数字化技术的运用来实现。例如，通过智能化系统，为游客提供个性化的推荐和定制服务。这不仅提高了服务的精准度，也使游客感受到更贴心、贴近个体需求的旅游体验。要想实现旅游产业的转型升级，品牌化推广是关键一环。通过将旅游企业打造成具有品牌特色的服务提供者，可以在激烈的市场竞争中脱颖而出。品牌化不仅仅是标志和宣传语的设计，更是在服务、体验和形象上的全面提升。品牌化推广有助于企业形成独特的文化和形象，吸引更多的目标客户。通过提升品牌知名度，旅游产业可以在市场上建立起更为稳固的地位，提高市场份额。数字化创新是旅游产业转型升级中的一大助力。通过引入先进的科技和信息技术，旅游产业可以提高运营效率，优化资源配置。例如，可以运用大数据分析技术更好地了解市

场趋势和客户需求，以便进行更精准的产品开发和市场定位。同时，数字化技术能为企业提供更便捷的管理工具，加强内部协同。通过智能化系统，可以实现订单管理、人员调度等方面的自动化，提高工作效率，降低运营成本。

通过构建全方位的旅游服务体系，旅游产业可以更好地适应市场需求，提升竞争力，实现可持续发展。这一过程需要企业在战略规划上有长远眼光，同时灵活应对市场变化，不断调整和优化经营模式，以迎接未来旅游产业的新挑战。

（二）协同推进，实现产业良性发展

旅游产业的转型升级，在很大程度上依赖于对旅游景点的开发与经营。在这一过程中，不仅要提供游览场所，更要创造多元化的体验中心。在旅游景点的开发上，需要注重挖掘地方文化、历史和自然资源，以吸引更广泛的游客群体。多元化体验中心有着不同类型的景点，可以涵盖自然风光、历史文化、主题公园等多个方面。这种多样性有助于满足不同游客的兴趣和需求，使得旅游产业更具吸引力。同时，景点开发应注重与其他旅游要素的有机结合，构建一个完整的旅游生态系统。

协调好交通运输公司、饭店、旅行社之间的供需与产销合作关系是旅游产业转型升级的关键一环。这需要建立起一个紧密协同的供应链体系，确保各个环节之间的高效合作。例如，通过与交通运输公司合作，可以提供更便捷的旅游交通服务，提高整体旅游体验。同时，与饭店的合作可以优化住宿资源，提供多元选择。与旅行社的协同更可以实现旅游产品的整合销售，为游客提供一站式服务。这种供应链的协调有助于优化资源配置，提高整个产业的运行效率。

在旅游产业中，建立一个合作紧密、协调顺畅的利益共同体至关重要。这意味着不同企业之间不仅仅是竞争关系，更要实现合作共赢。在这个共同体中，各方可以共享资源、共同推广，实现互利共赢。要想建

立利益共同体，先要建立长期稳定的合作关系，打破传统产业壁垒，促进资源共享。例如，景点可以与旅行社合作推出特色旅游线路，饭店可以与景点合作提供套餐服务，形成相互支持的产业生态圈。

实现整体素质的提升是旅游产业转型升级的最终目标。这不仅仅是单一要素的提升，更是协同作用的结果。通过景点的多元化体验、供应链的协调、利益共同体的建立，旅游产业可以迈向新的高度。整体素质的提升意味着更高水平的服务质量、更好的体验感受、更广泛的市场认可。这需要各个要素之间的深度融合和共同努力。通过不断改进和创新，旅游产业可以实现由单一景点到全方位体验的跃升，为游客提供更为丰富、深刻的旅游体验。

（三）实现各要素的有效整合与衔接

在旅游产业的转型升级中，实现各个组成要素、各个环节的有效整合与衔接至关重要。这不仅仅是简单的组合，更要构建一个相互关联、协同运作的旅游生态系统。这一系统需要以规划为基础，通过整合资源、衔接环节，消除各种经济制约，实现旅游产业静态协调和动态发展的平衡。

统筹规划旅游产业的各个组成要素，是构建新格局的基础。在此过程中，不仅要考虑单一要素的发展，更要思考各要素之间的关系和协同作用。通过科学规划，可以使得旅游产业从零散的发展格局转向有机结合的新格局。过去，由于各个要素之间的隔阂，导致旅游产业发展受到局限。通过打破这些旧有的隔阂，实现各要素之间的有机连接，旅游产业可以更好地发挥各方优势，形成良性循环。例如，通过将景点、交通运输公司、饭店、旅行社等整合起来，实现信息的即时共享，提高运作效率。旅游产业转型升级需要消除自然型经济、粗放型经济和非市场经济的制约。这是摆脱过去发展模式的桎梏，实现更为灵活、高效的发展。自然型经济通常受制于地理环境和自然资源，通过技术创新和多元化发

展，可以减轻这种制约。粗放型经济的制约则需要通过提高生产效率和资源利用率的方式来解决。非市场经济的制约可以通过市场化的手段来解决，促使旅游产业更好地适应市场需求。在这一过程中，需要政府、企业、社会等多方面的努力和支持，形成合力。通过共同的努力，旅游产业可以实现转型升级，走向更为可持续、高效的发展道路。

五、旅游人才培养的转型升级

在实现旅游产业转型升级的过程中，人才培养是关键的推动力。通过精准定位、改变培养模式和超前性培养，可以培养出更适应未来市场需求、具备创新能力的旅游专业人才，为旅游产业的可持续发展注入新的活力。

旅游业的竞争背后隐藏着激烈的人才竞争。在旅游产业转型升级的道路上，要培养一大批基础理论深厚、专业技能扎实、富有创新和应用能力的旅游专业人才。这既符合现代社会旅游产业向网络化、信息化、标准化、国际化迅猛发展的趋势，也符合我国旅游业发展的现状需求。在培养人才时，不仅要根据旅游市场需求确定培养目标、模式、途径和方法，更需要改变培养模式，强化对复合型、应用型人才的培养，突出培养的超前性。

（一）根据旅游市场需求，确定人才培养方向

根据旅游市场的需要，确定人才培养的目标、模式、途径和方法。这需要深入研究市场趋势，了解旅游业的新需求，使人才的培养方向与市场需求相匹配。从目标出发，培养的人才应当具备创新精神、应用能力，能够最大限度地满足市场的多元需求，实现人尽其才的目标。在确定培养模式、途径和方法时，应当紧密结合实际情况，注重实践操作，确保培养出的人才在旅游市场中能够立即投入工作，适应市场变化。

（二）培养复合型、应用型旅游人才

传统的培养模式往往过于注重理论知识，而忽视实际操作和应用能力的培养。为适应未来纷繁复杂的旅游服务和管理工作，需要改变现有的培养模式。要加大对复合型、应用型人才的培养力度，使他们在面对旅游业的各个岗位时能够游刃有余。这种复合型人才要具备广泛的知识背景，能够在不同领域间流畅切换，适应多变的市场需求。在培养过程中，要注重实际操作，加强实地实习和案例分析，提高学生在实际工作中的应变能力。随着旅游企业由"接待型"向"销售型"转变，旅游人才的培养不能停留在过去的经验中，更需要超前培养，培养具有超前意识、创新意识的人才。这意味着教育机构要密切关注行业前沿动态，及时调整培养内容和方法，使培养的人才能够永远站在时代的前沿。

第三章 旅游业转型升级的内核——旅游营销

第一节 旅游市场营销环境分析

一、旅游市场营销环境的概念

旅游营销是旅游业转型升级的核心动力，旅游业的发展在很大程度上取决于旅游企业市场营销策略的制定和实施。旅游营销涉及各种推广和传播活动，旨在吸引游客、提高知名度和促进销售。另外，旅游市场环境和旅游市场营销之间存在着密切关系。良好的旅游市场环境能够为旅游企业的营销活动提供有利条件，促进其顺利开展。反之，不良的旅游市场环境则会对旅游企业的营销活动产生负面影响，从而阻碍其发展。在旅游市场中，通过有效的市场定位、品牌建设、多渠道推广、目标营销活动、体验营销以及数据分析和市场反馈，旅游业可以提高竞争力，吸引更多游客，实现可持续发展。

旅游市场营销环境是指与旅游企业市场营销活动相关的各种因素的

总和。① 这些因素可以直接或间接地影响旅游企业的经营业绩和市场竞争力。旅游市场营销环境包括许多方面，如旅游资源、旅游消费者需求、竞争对手、政策法规、技术发展等。旅游市场营销环境是旅游企业发展的重要外部条件，旅游企业需要关注和分析这些因素，以便制定符合市场需求的营销策略。同时，旅游企业需要不断地调整和优化营销策略，以适应市场环境的变化。只有这样，旅游企业才能在激烈的市场竞争中立于不败之地。

二、旅游市场营销环境的特点

旅游市场营销环境是一个多因素、多层次而且不断变化的综合体，具有以下几个特点。

（一）客观性

旅游市场营销环境是客观存在的，不受旅游企业主观意志的影响。旅游企业无论规模、性质和目标如何，都只能在特定的社会经济和其他外部环境条件下生存和发展。这种客观存在的外部环境条件，既可以为企业提供发展的机遇，也可以为其设置种种限制。旅游市场营销环境中的各种因素，如政治、经济、文化、科技、法律等，在很大程度上决定了旅游市场的需求和供给，进而影响旅游企业的市场定位、产品设计、价格策略、促销活动等方面。因此，旅游企业在进行市场营销活动时必须充分考虑这些客观存在的因素，并以其为基础来制定相应的市场营销策略。另外，旅游市场营销环境的客观性还表现为其是动态变化的。随着社会经济和其他外界环境的变化，旅游市场营销环境中的各种因素也在不断变化。例如，政策法规的调整、消费者需求的变化、竞争对手的动态等，都可能对旅游企业的市场营销活动产生影响。旅游企业要敏锐

---

① 鲁峰. 旅游市场营销：理论与案例 [M]. 上海：上海财经大学出版社，2015：19.

地捕捉这些变化，适时调整和优化市场营销策略，以适应不断变化的旅游市场营销环境。

（二）差异性

一方面，旅游市场营销环境的差异性表现在不同国家、民族、地区之间的差异上。例如，不同地区在人口、经济、社会文化和自然地理等方面有很大的不同，这些差异直接影响到旅游企业的市场定位、产品设计、营销策略等方面。例如，由于自然环境的差异，哈尔滨的冰雕世界与海南岛的热带风情就形成了截然不同的旅游特色，吸引了不同的游客群体。另一方面，旅游市场营销环境的差异性也表现在同一地区不同企业之间的差异上。处于同一城市的企业，其宏观环境可能相似，但微观环境却截然不同。例如，一家大型的国际旅行社和一家小型的国内旅行社，尽管都处于同一城市，面对的宏观环境，如政策、经济、社会文化等相似，但由于企业规模、实力、资源等微观环境的差异，它们在市场营销策略的制定和执行上可能会有很大的不同。在旅游旺季来临之前，大型的国际旅行社可以综合运用各种营销手段来推广自己的旅游产品，而小型的国内旅行社由于人力、财力的限制，只能通过人员推销、网络营销等低成本手段来推广产品。

因此，旅游企业在面对市场营销环境的差异性时，应该清楚地识别哪些因素可能带来机会，哪些因素可能会带来威胁，然后根据自身的实际情况，采取不同的营销策略，以适应不同的市场营销环境。

（三）系统性

旅游市场环境是一个包含宏观环境、微观环境、外部环境和内部环境等多个层面的复杂系统。这些环境因素相互依存、相互作用、相互制约，某一因素的变化往往会引发其他因素的变化，从而形成新的市场环境。例如，竞争对手是旅游企业重要的微观环境因素之一，而宏观环境中政治法律因素或经济政策因素的变动，均能影响到其竞争对手的数量，从而形成不同的竞争格局。旅游企业在进行市场营销活动时，不仅要考虑经济因素，还要充分考虑社会文化、地理位置、交通条件、饭店设计与建筑、设施设备布局、职工招募等多方面因素。旅游企业在进行市场营销环境分析时，不能只关注单个因素所产生的影响，还要充分注意各种因素之间的相互作用，从整体上把握和分析市场营销环境，以便制定更科学、更有效的市场营销策略。

（四）动态性

旅游市场营销环境不是一成不变的、静止的，而是动态的。这种动态性源于多种因素，包括消费者行为的变化、科技进步、政策调整、社会文化变迁等。其中，消费者行为的变化是旅游市场营销环境动态性的重要表现。例如，我国消费者从过去追求物质的数量转变为现在追求物质的质量及个性化，消费者的消费心理正趋于成熟。这种变化意味着旅游企业要调整和优化产品设计和服务提供，以满足消费者不断变化的需求。科技进步也会对旅游市场营销环境产生深远的影响。例如，移动互联网的发展使得游客行为从线下向线上转移，游客可以在网上获取各类旅游信息，实现查询、预订、下单等一站式购买服务。这种变化要求旅游企业紧跟科技发展的步伐，利用移动互联技术优化营销策略和服务提供，满足游客在线旅游消费的需求。此外，政策调整和社会文化变迁也是影响旅游市场营销环境动态性的重要因素。随着政策调整和社会文化变迁，旅游市场的需求和供给、消费者的消费行为和偏好、企业的市场营销策略等也会发生变化。旅游企业需要及时调整自身的营销策略和服务提供方式，以适应不断变化的旅游市场环境。

旅游市场营销环境中各要素的状态会随时间的流逝而发生变化。多种因素的变动组合形成了与不同时期相对应的多样化的市场环境。例如，旅游需求会因可自由支配收入和闲暇时间的变化而产生波动，旅游目的地的旅游资源会导致旅游的季节性波动。此外，一些突发事件，如政治形势的剧变、重大自然灾害的发生、传染性疾病的流行等，都会对旅游业产生巨大影响，进而直接影响到旅游企业的市场营销工作。这些因素的变化可能迅速且剧烈，也可能缓慢且微小，因此对旅游企业营销活动的影响程度也会有所不同。例如，科技和经济因素的变化通常较快且较大，因此对企业营销活动的影响较大。相反，人口、社会文化和自然因素的变化可能较为缓慢且较小，因此对企业营销活动的影响较小。因此，旅游企业在进行市场营销活动时，必须密切关注市场环境的变化，并根据这些变化调整和修正自身的营销策略，从而在不断变化的市场环境中保持竞争力，实现可持续发展。

（五）不可控性

旅游市场营销环境受到各种复杂因素的影响，某些因素可能会超出旅游企业的控制范围，如国家的政治和法律约束、人口动态以及特定的社会文化传统等。这些因素对不同的企业有着不同的影响：对于一些企业来说，某些因素可能是可控的，而对于其他企业则可能完全无法掌控；同一个因素在某一时刻可能是可控的，但随着时间推移，它可能变得不可控。此外，这些因素之间常常存在一定的冲突。例如，消费者对某旅游地点的兴趣可能与该地的容纳能力不匹配，迫使企业在利用现有资源和开发新旅游产品或目的地之间做出权衡。在这一过程中，企业必须确保其行动符合政府和相关管理机构的规定。因此，旅游企业需要保持一定的灵活性，快速响应市场变化，并在必要时进行创新，保持竞争优势。

（六）可转化性

在旅游市场营销环境中，企业可能面临很多机遇，但这些机遇往往伴随着潜在的巨大风险。有些企业可能沉醉于过去的成功，未能妥善处理机遇与风险之间的关系，导致原本充满希望的环境变成了威胁企业生存的环境。可见，市场营销环境对于企业的影响是双面的。企业的成败在很大程度上取决于其对不断变化的市场环境的适应能力的高低。然而，这并不意味着企业对环境完全无能为力。实际上，企业可以主动适应并影响市场营销环境，使之发生转化，将威胁转化为机遇。具体来说，旅游企业可以利用其经营资源，通过影响和改变可变的环境因素来为自身创造更加有利的发展空间。例如，企业可以通过有效的公共关系策略来影响市场环境，使之转变为有利于企业营销的环境。这种主动适应的策略使得旅游企业能够在营销环境中找到并利用机会，从而创造更加有利的外部条件。

三、旅游市场营销的宏观环境

作为一种典型的非生产性服务业，旅游业的特点在于其综合性非常强，这使得旅游企业对外部营销环境的变化表现出高度的敏感性。旅游市场的营销环境主要由两部分组成：宏观环境和微观环境。其中，旅游市场营销宏观环境是指影响旅游企业运作的外部大环境，既包括国际环境也包括国内环境，对旅游企业营销活动的成败有着极大的影响，并且旅游企业无法控制这些环境因素，只能顺应或适应。[①] 一般来看，宏观环境主要包括政治法律因素、经济因素、文化因素、技术因素、自然因素和人口因素等。

（一）政治法律因素

就世界范围来看，政治稳定性是影响旅游目的地吸引力的关键因素。安全的政治环境能够提升游客对旅游目的地的兴趣，促进旅游业的繁荣。相反，政治动荡或冲突会导致旅游需求急剧下降，对旅游目的地的经济造成重大影响。法律法规对旅游业的影响则体现在多个层面。签证政策是影响国际游客流动的关键因素之一。便利的签证政策能够吸引更多的

---

① 赵志霞，于英丽.旅游市场营销[M].北京：中国轻工业出版社，2014：27.

国际游客，增加旅游收入，而严格的签证要求可能限制游客的到访，从而抑制旅游业的发展。此外，环境保护法律、文化遗产保护法规、消费者权益保护法律等都会对旅游业的可持续发展和质量管理产生重要影响。

在全球化背景下，国际政治法律因素也变得愈发重要。国际关系的变化、区域经济合作、跨国法律法规的制定和执行，都会影响国际旅游市场的格局。例如，区域自由贸易协定可能会促进成员国间的旅游交流，而国际政治关系紧张可能抑制某些地区的旅游业发展。因此，旅游企业在制定市场营销策略时，必须对政治法律因素保持高度敏感和关注。企业需要通过各种渠道及时获取政治法律变化的信息，分析这些变化对旅游业的潜在影响，并据此调整市场营销策略。例如，面对政治不稳定的地区，企业可能需要调整其目的地营销策略，转向更加稳定安全的地区。对于法律法规的变更，企业需要及时调整运营和服务模式，确保合规并把握新的市场机遇。

（二）经济因素

当一个国家或地区经济呈现出快速增长趋势时，这种繁荣状态会激发居民对旅游、餐饮、娱乐、购物和住宿等方面的消费需求。相反，在经济增长放缓或衰退的情况下，对这些产品和服务的消费需求往往会降低。全球和区域经济状况，如经济增长、通货膨胀率、汇率波动、消费者收入水平等，都对旅游需求和消费模式有着显著影响。其中，汇率波动是影响旅游市场的重要经济因素。对于依赖国际游客的旅游目的地而言，本币贬值可能会吸引更多的外国游客，因为他们的消费能力相对增强；相反，本币升值可能会减少外国游客的到访数量。汇率的稳定性也是一个重要因素，因为汇率的不稳定会增加旅游消费的不确定性，从而影响游客的决策。消费者的收入水平和分配也对旅游需求有着显著影响，较高的家庭收入通常会导致更多的休闲旅游消费。同时，收入分配的平等程度也会影响旅游业的发展。在收入分配较为均衡的社会中，更广泛的人群能够承担起旅游消费，从而扩大旅游市场的基础。此外，经济政策和国家的经济发展战略也会对旅游市场产生影响。政府对旅游业的投资和扶持政策，如基础设施建设、旅游推广活动等，会促进旅游业的发展。同时，国家间的经济合作和贸易协定会对旅游业产生影响。因此，旅游企业在制定市场营销策略时需要对这些因素有深入的理解和分析，以便更好地适应市场的变化，把握市场机遇。

（三）文化因素

在旅游市场营销环境中，文化因素包括教育水平、价值观、宗教信仰、风俗习惯等。文化因素对个人产生深刻影响，在无形中塑造着人们的生活方式、消费结构和方式，以及对旅游的观念和态度。文化对人的影响是潜移默化的，它不仅反映在人们的行为模式中，也体现在他们的决策和偏好上。因此，旅游营销活动的成功与否，在很大程度上取决于其对当地文化适应能力的高低。

1.教育水平

教育水平是衡量消费者受教育程度的重要指标，与一个国家或地区的经济发展及文化水平有着紧密联系。人们的教育背景影响着他们的审美观和购物选择，决定着他们对生活质量的追求，包括旅游需求的强烈程度。

在教育水平较高的地区，消费者通常具有较高的文化素养和先进的思想观念。这些消费者倾向于摆脱传统的生活方式，追求更高质量的生活体验，包括旅游。他们经常接触报纸、杂志、电视、广播和录像等媒介，对旅游企业的广告和营销活动更加敏感，更加容易接受。然而，这类消费者对旅游产品的要求也相对较高，他们更加理性地选择产品，倾向于选择知识含量较高的旅游目的地，如博物馆、美术馆、科技馆和名人故居等。相反，在教育水平较低的国家或地区，进行市场调查或与旅游者交流可能会遇到很多挑战，较难找到合适的代理商和市场调研人员，营销和促销活动的方式受到限制。因此，教育水平会影响消费者的心理和消费结构，决定了企业在市场营销策略和销售推广方式上的选择。旅游企业在不同教育水平的市场中，需要采取不同的策略来适应和满足不同消费者群体的需求。

2. 价值观

价值观是指人们对社会生活中诸多事物的看法、评价和态度，其在不同的文化背景下表现出显著的差异。这些价值观深刻地影响着消费者对商品的需求和购买行为，特别是在工业文明时期，人类中心主义作为一种主导的世界观和文化观，导致了对自然资源的肆意掠夺、浪费和滥用，进而引起了严重的环境污染和生态破坏，甚至对人类自身的生存与发展构成了威胁。面对这些不容忽视的问题，全球范围内出现了强烈的呼声，要求旅游业实现可持续发展，重视资源和环境的保护，维持生态平衡。这种要求反映出一种生态价值观，即在旅游业的实践中尊重自然、保护环境，以维持人类、社会和自然之间的和谐共生。生态价值观的核心在于承认生态价值，这与过去的人类中心主义有着根本的区别。

旅游业的发展依赖于相应的旅游资源和生态环境，它们是旅游业发展的物质载体和基本保障。只有合理规划和开发旅游目的地的资源，并进行有效经营和管理，才能保证旅游产业健康发展。因此，生态价值观应作为一种全面的世界观和价值观，贯穿于旅游业发展的整个过程中。这种价值观的转变促使旅游业关注更广泛的环境和社会影响，强调在追求经济利益的同时，要考虑长远的生态和社会责任。这种理念的实践能够保护旅游资源，促进旅游业可持续发展，提高消费者对旅游产品的认可度和满意度，从而在长期内为旅游企业带来更大的收益和更高的市场地位。

3. 宗教信仰

宗教信仰是影响人们文化取向、价值观和行为规范的重要因素，在旅游市场营销中占有重要地位。不同的宗教有着各自的教义和戒律，这些内容影响着信徒的认知方式、价值观和行为准则，从而间接影响他们的消费行为和市场需求。在那些宗教信仰深入人心的国家和地区，宗教对市场营销的影响尤为显著。

对于旅游企业而言，理解并尊重目标市场的宗教信仰是至关重要的。在设计旅游产品和营销策略时，避免违背或触碰到目标群体的宗教禁忌是基本原则。旅游企业在推广这些旅游目的地时，需要充分考虑宗教因素，以吸引特定旅游群体。因此，在进行旅游市场营销时，对目标消费者的宗教信仰进行全面调查是必不可少的。这不仅有助于企业更好地了解消费者的需求和偏好，还能避免在营销活动中无意中触犯宗教禁忌，从而提高营销效果和顾客满意度。

4. 风俗习惯

风俗习惯是在特定社会或文化群体中形成并被广泛接受的生活方式、行为模式和礼仪规范。这些习俗通常源于历史传统、宗教信仰、地域特性和社会结构，反映了一个群体的文化身份和生活哲学。风俗习惯会对游客的旅游体验和消费行为产生重要影响。

风俗习惯通常广泛存在于社会生活的各个领域，包括婚丧礼仪、饮食习惯、节日庆典、商业习惯等。例如，在中国，春节庆祝新年、端午节举办龙舟赛、中秋节庆祝团圆等，都是深具特色的风俗习惯，可以为旅游营销提供独特的机会。世界各国和各民族都有其独特的风俗习惯，这些习惯对消费者的消费喜好、消费模式和行为产生了显著影响。不同文化背景下，人们对图案、颜色、数字、动植物等元素的偏好和使用习惯各不相同。这种差异在旅游市场营销中尤为重要，因为它直接关系到产品设计、广告传播和服务提供的方式。要想在不同文化背景下成功进行市场营销，旅游企业必须深入了解目标市场的风俗习惯。这不仅有助于设计符合当地消费者偏好的旅游产品和服务，还能确保营销传播更加有效，避免文化冲突或误解。例如，了解特定节日的文化背景可以帮助旅游企业开发相应的旅游产品，吸引对这些节日感兴趣的游客。

（四）技术因素

技术作为现代社会中具有活力和决定性的生产力因素之一，对旅游营销活动具有深远的影响。科技进步可以改善企业的内部生产和经营过程，并在与其他环境因素的相互作用中，对企业的营销策略产生重要影响。

科技的进步，可以为提升营销效率提供必要的物质基础。例如，交通运输工具的创新和技术改良显著提高了运输效率，使得游客前往旅游目的地的时间和空间距离大幅缩短，不仅使旅游变得更便捷和舒适，还为旅游市场的扩展创造了条件。此外，交通工具的发展也增加了旅游产品的多样性，一些具有特色的旅游交通工具，如缆车、雪橇等，成为吸引游客的新型旅游项目。在现代商业环境中，众多销售和购物方式，如自动售货、邮购、电话订购等都得到了发展，尤其是网络技术的应用，推动了电子商务的全面网络化。这种转变可以更好地满足消费者的需求，也极大地提升了企业的营销效率，特别是在旅游产业，大量的网站提供机票销售、酒店预订、旅游线路预订等商业服务，大大方便了消费者。然而，对于传统企业而言，网站更多地被视为客户互动和业务合作的一种形式。虽然网络技术为企业提供了新的销售渠道和市场机会，但它并不能取代传统的企业运营模式。相反，网络技术应被视为传统业务的补充和扩展，它为企业提供了与客户互动和合作的新方式。尽管网络技术和电子商务在现代商业中占据着越来越重要的地位，但对于企业来说，找到网络技术和传统业务模式之间的平衡点仍然至关重要。通过有效整合传统业务和网络技术，企业能够更全面地满足市场需求，提高营销效率和客户满意度。

另外，互联网作为一种强大的营销工具，为企业提供了突破传统营销局限的新途径。互联网属于一种超越时空限制的传输媒介，可以突破传统营销中的时空限制，使企业能够向市场中的所有顾客提供即时服务，无论他们身处何地。此外，互联网的交互性特点使得企业能够深入了解不同市场顾客的特定需求，并据此提供个性化的服务，为企业提供了与顾客进行更直接、更有效沟通的途径。通过互联网，企业可以快速收集和分析顾客数据，从而更精准地调整其产品和服务，以满足不同顾客群体的需求。这有助于提升顾客满意度，增强企业在市场上的竞争力。

科技进步，可以显著提升促销活动的有效性。随着广播、电视、传真等现代信息传媒技术的发展，企业能够及时且准确地将商品和服务信息传递至全国甚至全球。这不仅可以帮助消费者更好地了解相关产品，还能激发其消费欲望，从而推动销售。此外，现代计算技术的应用使企业能够及时有效地洞察消费者的需求和行为趋势。随着科技的发展，消费者的需求变得更加多样化，消费内容也日益复杂。在这种情况下，仅依赖传统的计算和分析手段已不足以应对市场的需求。现代计算技术，如高级电子计算机的使用，使得对消费者需求的模拟、计算、分析和预测成为可能，从而及时准确地为企业提供关键信息，作为营销活动的客观依据。

对于旅游企业而言，重视科学技术这一关键环境因素对其营销活动的影响至关重要。通过利用科技的优势，旅游企业能够更好地把握市场机会，避免风险，从而在竞争激烈的市场中实现生存和发展。

（五）自然因素

在旅游市场营销的宏观环境中，自然因素主要是指地理位置和景观资源。旅游产业的发展依赖于特定的自然地理环境，同时受到自然资源和气候变化的影响。当今时代，自然环境面临的主要挑战包括自然资源的日益减少、能源成本的上升、环境污染的加剧。这些挑战为旅游企业带来了直接或间接的影响，可能构成威胁，也可能创造机遇。例如，自然资源的稀缺和环境污染问题促使旅游业采用更加可持续的发展模式。旅游企业需要考虑如何在保护自然环境的同时开展业务，或者开发新的旅游产品和服务，或改进现有的操作方式，以减少对环境的影响。另外，政府对自然资源的严格管理可能导致旅游活动的某些限制，但也为旅游企业提供了发展生态旅游、探索未开发旅游资源的机会。这些变化要求旅游企业在经营策略上进行创新，以适应不断变化的自然环境。

自然环境对于当地旅游业的生存和发展具有至关重要的作用。拥有优越的自然条件为旅游营销带来了独特的机会，丰富多变、能激发游客想象力的风景成为吸引人的核心因素。我国各地的著名旅游景点，如泰山日出、黄山云海、长江三峡云雾以及峨眉山佛光等，都是绚丽多姿的风景资源的代表。此外，气候、空气质量和阳光等自然因素对于吸引游客同样至关重要。例如，被誉为世界"旅游王国"的西班牙，其最大的卖点就是宜人的气候和美丽的海滩。这些自然因素使旅游地具有天然的吸引力，也是旅游营销策略的重要组成部分。

自然条件可以为旅游营销提供机遇，但环境的变化有时也可能引发危机。例如，地震、山崩、火山爆发、洪水和恶劣天气等自然灾害，可能对旅游业造成重大损失，并给旅游营销活动带来挑战。因此，对自然界的变化进行细致调查和研究，并采取相应的应对措施，对于旅游营销来说十分重要。另外，自然环境不仅影响着旅游目的地的选择和分布，还对旅游区域的可达性、交通路线和网络布局产生影响。

自然环境决定着旅游景点的特色和分布。例如，我国西北地区干旱的自然环境孕育了沙漠、戈壁和雅丹地貌等自然景观以及与之相匹配的人文景观，如坎儿井和绿洲农业等；青藏高原高寒的自然环境形成了高山、雪原、冰川、湿冷植被和高寒动物等独特景观；云南、广西和福建等地由于其湿热气候和山地地形，拥有典型的岩溶景观和美丽的山水风光；内蒙古的干旱和半干旱自然环境则造就了典型的草原风光。

（六）人口因素

旅游市场的构成基础是那些具备购买意愿和购买能力的人群，即旅游者。对于旅游企业而言，影响其市场营销的人口因素包括人口的数量、结构、增长速度、教育水平、地理分布及区域间的人口流动等多个方面。这些人口因素直接影响着消费需求。因此，旅游企业必须密切关注人口因素的研究，及时了解人口特性，有助于企业在市场中把握机遇，同时面对可能出现的威胁，以便迅速且有效地调整营销策略。例如，一个地区人口数量的增长可能意味着具有更大的潜在市场，而人口教育水平的提高可能导致消费者对旅游服务质量的期望提升。此外，人口流动的增加可能为旅游企业带来新的客源市场。旅游企业在制定市场营销策略时，必须考虑这些人口因素，以便更有效地满足不同消费者群体的需求，在竞争激烈的市场环境中获得优势。

1.人口规模

人口规模指的是在特定国家或地区中居住的人数总和。人口规模在市场构成中占据着基础性地位，因为市场是由那些既有购买意愿又具备购买能力的人群构成的。在相近的收入水平下，人口规模是决定市场容量的关键因素。通常，人口数量越多，市场容量就越大。因此，人口数量的增长为旅游企业提供了扩大市场空间和创造市场机会的可能。然而，过快的人口增长也可能对经济发展产生负面影响，降低购买力，进而限制旅游企业的发展。以非洲的一些国家为例，尽管其人口数量快速增长，但由于购买力较弱，这些国家的旅游人数相对较少，占总人口的比例也不高。这表明，旅游企业在评估市场潜力时，不能仅仅依赖人口规模的增长，还需要综合考虑消费者的购买力和其他相关因素。

2.人口结构

人口结构是指一个国家或地区人口在年龄、性别、教育水平、职业、收入水平等方面的分布特征。年龄会对旅游需求和偏好产生直接影响。例如，随着老年人口比例的增加，旅游市场出现了针对老年人的特定产品和服务。这包括更加舒适、安全的旅游服务，以健康和休闲为主的旅游活动，以及针对老年人的特殊关怀和服务。旅游企业需要根据这一人口群体的具体需求设计产品，如提供医疗保健服务、慢节奏的旅游路线、易于理解和操作的预订系统等。同样地，年轻人群体的旅游需求也有其特殊性，如对探险旅游、文化体验或者经济实惠的背包游的偏好。因此，针对年轻人的旅游营销可能会更多地集中在在线宣传、社交媒体互动和提供定制化体验上。

除了年龄，其他人口特征，如性别、职业和收入水平等也会影响旅游市场。不同性别和教育背景的群体可能对旅游目的地和活动的偏好有所不同。例如，高收入和高教育水平的群体可能更倾向于国际旅行和文化探索活动，而低收入群体可能更关注国内旅游和经济实惠的旅游选项。随着社会的发展和人口结构的变化，旅游市场的偏好和需求也会随之改变。因此，旅游企业需要不断研究和适应这些变化，以便更有效地满足不同群体的需求，在市场中保持竞争力。

3.人口的地理分布

人口的地理分布是指人们在不同地区的分布密度，这种分布通常受到自然条件和经济发展水平等多种因素的影响，并不是均匀的。在考虑旅游市场与人口地理分布的关系时，可以看到随着地理距离的增加，旅游来源的潜力会相应减弱。这是因为随着旅行距离的增加，旅游的费用和所需时间也会增加，从而使得旅游流的强度降低。在旅游市场的整体格局中，国内旅游流往往大于国际旅游流，中短途国际旅游流大于远程国际旅游流。基于这一趋势，旅游市场的选择原则通常是趋近于选择较近的目的地。因此，旅游市场营销活动应更多地关注开发近距离市场。例如，亚洲的许多国家更倾向于吸引地理位置较近的国家，如日本、韩国的游客。

随着经济的发展和活跃，人口在不同区域之间的流动性日益增强。在发达国家，人口流动不仅发生在国家、地区和城市之间，还包括从城市到农村的流动。在我国，人口流动的主要趋势是从农村到城市的迁移，以及从内地到沿海经济开放区的流动。此外，经商、观光旅游和学习等因素也加速了人口的流动。人口流动带来的影响是双重的：一方面，在人口流入较多的地区，劳动力的增加可能导致就业问题更加突出，并加剧了各行业之间的竞争；另一方面，人口数量的增加也会提高当地的基本需求量，改变消费结构，为当地企业创造更多的市场营销机会。对于旅游营销而言，如何有效利用这种人口流动的特点来开发旅游市场，成为一个新的挑战。旅游企业需要考虑人口流动的趋势和特点，开发适应这些变化的旅游产品和服务。例如，针对城市人口向农村流动的现象，可以开发乡村旅游、生态旅游等产品；针对从农村到城市的流动，则可以关注城市旅游的发展。通过灵活调整旅游产品和服务，旅游企业可以更好地适应人口流动带来的市场变化，把握新的营销机遇。

四、旅游市场营销的微观环境

旅游市场营销的微观环境是指存在于旅游营销管理组织周围并影响其营销活动的各种因素和条件。[1] 旅游市场营销的微观环境决定着旅游企业服务目标市场的能力。这些微观环境中的元素紧密围绕着企业，形成了合作、竞争、服务和监督等多种关系。旅游市场营销的成效不仅依赖于对宏观环境的适应，而且在很大程度上取决于企业如何应对和影响微观环境。微观环境包含企业自身、营销中介、供应商、购买者和竞争者等多个方面。

（一）企业自身

在旅游企业中，内部环境主要包括市场营销部门、会计部门、产品研发部门以及企业管理者（图3-1）。例如，为了确保营销活动的有效进行，营销经理需要与企业管理者及其他部门密切协作；会计部门通过对收益和成本的计算，为营销人员提供实现营销目标的反馈；产品研发部门负责创新产品，以适应市场的需求变化；企业管理者负责制定企业

---

① 　鲁峰.旅游市场营销：理论与案例[M].上海：上海财经大学出版社，2015：26.

的使命、目标、战略，而营销决策需要与这些高层战略和计划保持一致。因此，旅游企业内部环境直接影响着企业应对市场竞争、适应市场变化和环境变化的能力。良好的内部环境能够确保各部门之间协调和配合，从而加强企业的整体营销能力，使其在竞争激烈的旅游市场中保持竞争优势。

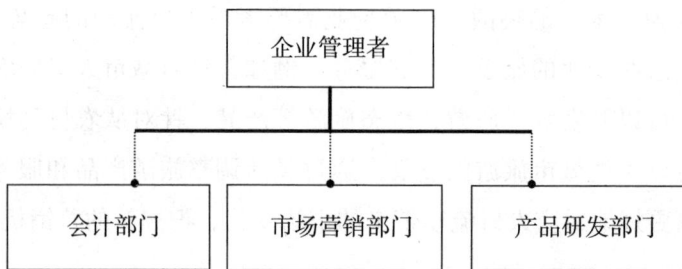

图3-1　旅游企业的组织结构

　　旅游企业的内部环境不仅由组织结构构成，还包括企业的使命、文化和资源等要素。企业使命是企业在社会和经济发展中所承担的角色和责任，它明确了企业的经营领域和理念，并为企业的目标设定和战略制定提供了基础。企业文化则是企业内部关系的体现，涵盖了员工共同的信念、期望、价值观，企业法人形象，以及内部管理的规章制度和领导与员工间的关系等。这些文化要素如同企业的"大脑"，影响着企业的组织结构和资源的利用。企业资源包括人力、物力、财力及各种管理技术和能力，是企业的基础支持，类似于企业的"血液"，对市场营销的进展和效率有着决定性影响。对这些资源的有效利用是企业在市场上成功的关键。企业的使命、文化和资源不仅定义了企业的特性和运作方式，还影响着企业在市场上的表现和竞争力。因此，对于旅游企业而言，理解并优化这些内部环境要素对于制定有效的市场营销策略至关重要。

（二）营销中介

　　营销中介是那些帮助企业在将产品推广、销售给终端消费者的过程中发挥作用的企业或个人。在旅游产业中，营销中介指的是那些位于旅游企业和旅游消费者之间，参与商品流通，并促进交易顺利完成的企业或个人，包括旅游中间商、营销服务机构以及金融机构等。旅游中间商可以是旅行社、旅游咨询公司或在线旅游服务提供商，它们通过组织旅游活动、提供旅游信息和预订服务等方式，将旅游产品介绍给消费者。营销服务机构主要包括广告公司、市场研究机构和公关公司，它们通过专业服务帮助旅游企业更有效地推广产品和服务。金融机构，如银行和信用卡公司，提供支付和融资服务，为旅游交易的顺利进行提供支持。

1. 旅游中间商

旅游中间商在旅游产业中是将旅游生产者和旅游者联系起来的个体或组织，其参与产品的流通并推动贸易完成。例如，旅游目的地需要航空公司、酒店、餐馆、娱乐服务提供者等提供与旅游活动相关的配套服务或设施，它们共同构成了旅游服务体系。由于旅游产品的空间组合、使用权和所有权相分离，因此，单一的企业很难独立完成所有相关的工作，即结算支付、信息交流以及广告促销等。因此，旅游企业需要借助各种可使用的营销中介力量，以确保其产品能以合适的方式和价格，在合适的地点和时间，销售给合适的顾客。利用营销中介的优势，旅游企业可以更有效地将自己的产品和服务推广到更广泛的市场，同时能提高交易的效率和顾客的满意度。旅游中间商的作用在于衔接供需双方，简化交易流程，使旅游产品的分销更加高效和广泛。

2. 营销服务机构

营销服务机构主要辅助企业定位合适的市场，并帮助企业将产品推广至这些市场，主要包括广告公司、媒体传播公司、市场调研公司以及营销咨询公司等。旅游企业可以通过市场调研公司获取、整理和分析市场信息；向营销咨询公司寻求有关营销活动的意见、建议和指导；通过广告公司来制作旅游产品的广告或者利用媒体传播公司来发布信息。企业在选择和委托这些营销服务机构来处理相关业务时要非常慎重，应详细分析不同专业公司所提供的服务质量、内容、特点及其价格，以便做出合理的判断和评估。正确的选择可以帮助企业更有效地达成市场推广目标，同时确保成本效益最大化。

3.金融机构

金融机构在旅游业中主要帮助旅游企业进行融资，并为旅游产品的购买和销售提供资金保障，包括银行、信贷公司、保险公司等。旅游企业与这些金融机构之间的关系比较紧密，如旅游企业的财产保险需要通过保险公司来办理，而企业之间的财务往来通常通过银行账户进行结算。这些金融服务对于旅游企业的运营至关重要，可以保障企业的财务安全，使业务活动顺利进行。

（三）供应商

供应商是指那些为企业及其竞争对手提供运营所需资源的企业或个人。对于旅行社而言，其供应商可能包括旅游景区管理机构、交通运输部门、宾馆酒店以及娱乐场所等；对于旅游饭店来说，其供应商可能包括指定的旅游用品商店、水电燃气供应公司以及蔬果市场等。这些供应商为旅游企业提供必要的资源，支持其正常运营，并帮助其提升服务质量和客户体验。

供应商为旅游企业提供的产品和服务，是确保旅游企业正常运作的基础，同时构成了向市场供应旅游产品的核心。这些因素不仅直接影响旅游企业的成本和费用，而且会影响企业的经济效益和实现营销目标的能力。因此，旅游企业与供应商之间的密切联系对企业的营销活动具有直接且重要的影响。例如，在旅游黄金周期间，如果某些关键产品和服务无法得到充分供应，一些旅行社可能会面临无法接待所有游客的情况。这种供需矛盾直接影响了旅游企业的服务能力和市场声誉，进而影响其营销目标的实现。这种情况凸显了供应商在旅游产业中的重要性，及其对旅游企业运营和市场表现的重大影响。

供应商在旅游企业营销活动中的影响主要体现在三个方面：第一，供应的稳定性、及时性和准确性。供应商及时、稳定且准确地提供旅游企业所需的物资资源和信息，是旅游企业顺利开展营销活动的基础条件。供应的连续性和可靠性对确保旅游产品和服务的持续性至关重要。第二，供货的价格变化对旅游企业的成本有直接影响。如果供应商提升了物资和信息的价格，旅游企业可能提高旅游产品的售价。因此，旅游企业需对供货价格的趋势有清晰的认识和掌控，以便有效应对市场的突发变化。第三，供货的质量直接影响到旅游产品和服务的品质。供应商提供的物资品质决定了旅游服务的质量水平，进而影响消费者的满意度和企业的声誉。

（四）购买者

旅游企业的营销活动是围绕旅游购买者的需求进行的，其主要目标是有效地向目标市场提供旅游产品。因此，旅游购买者对旅游企业的营销活动产生了最根本和直接的影响。购买者可以进一步细分为两类：个体购买者和公司购买者。个体购买者通常指的是个人消费者，他们的需求和偏好直接影响产品设计和营销策略。公司购买者则指的是那些为员工或客户购买旅游产品的企业和机构，它们的需求可能与个人消费者有所不同，这一点体现在旅游目的、服务标准和预算等方面。因此，旅游企业在制定营销策略时，需要充分考虑这两类购买者的特定需求和特点。

1.个体购买者

个体购买者，即终端的旅游消费者，包括观光游客、度假者、商务旅行者、会议旅游者、体育旅游者等。他们购买旅游产品主要是为了个人消费，寻求物质和精神上的满足，而不是为了赚取利润。另外，大部分个体购买者更倾向于通过旅游中间商购买旅游产品。因此，旅游企业在制定营销策略时应该分析自身所提供的产品和服务最适合哪一类旅游者，以及这些旅游者的购买行为和消费习惯，从而更准确地定位目标市场，提供符合目标顾客需求和偏好的产品和服务，提高销售效果和顾客满意度。

2.公司购买者

公司购买者通常包括举办会议或展销会的公司和协会等。它们在购买旅游产品时呈现出四个特点：第一，尽管公司购买者的数量相对较少，但购买规模通常较大，因为这些购买者通常是为了大型活动，如会议等而购买。第二，公司购买行为属于派生需求。其目的不是直接追求旅游本身带来的享受，而是为了通过旅游活动来达成业务目标。因此，其费用属于生产成本的一部分。第三，公司购买需求的弹性较小。即公司购买者对旅游产品的需求不太受价格变动的影响，因为购买费用通常由企业支付，是业务运营的一部分。第四，公司购买通常由企业内部专门的部门和专业人员负责，其购买行为属于专家级购买。

因此，个体购买者和公司购买者在购买旅游产品时表现出不同的特征。旅游企业在制定营销策略时，需要针对这两种不同类型的购买者的特点，制定不同的策略。在产品设计、定价、渠道选择和促销活动方面，企业应根据公司购买者和个体购买者的不同需求采取相应的措施，以满足其特定需求。

（五）竞争者

旅游企业的生存和成功在很大程度上取决于它在市场竞争中的表现，尤其是相对于其竞争对手的表现。要想在激烈的市场竞争中取得成功，旅游企业必须更有效地满足目标客户的需求，超越其竞争对手。这不仅涉及发现并满足消费者的需求，还包括识别竞争对手、持续关注它们的动态，并对其行为做出迅速反应。

从旅游消费者的角度来看，每个企业在开展营销活动时都面临着四种类型的竞争者：一是愿望竞争者；二是平行竞争者；三是产品形式竞争者；四是品牌竞争者。这个层次是同一产品不同品牌之间的竞争。全面认识各种层次竞争，有助于其看清竞争环境的重要变化。[①]愿望竞争者是那些提供不同类型产品来满足消费者不同需求的竞争对手。例如，如果消费者拥有带薪假期，他们可能面临出游或在家休息的选择。对于旅游企业而言，如何让消费者选择旅游而非留在家中，就构成了一种愿望层面的竞争。平行竞争者则是指那些提供不同产品来满足相同需求的竞争对手。例如，在出游交通工具的选择上，飞机、火车和汽车都是可行的选项，这些交通工具之间的经营者自然形成了竞争关系。产品形式竞争者是提供不同规格或档次产品的竞争对手。例如，旅游团队可以选择豪华档次或标准档次，这些不同档次的服务提供者之间存在着竞争关系。品牌竞争者指的是提供规格、档次相似，但品牌不同的产品或服务的竞争对手。例如，当消费者选择旅馆时，他们可能在不同品牌之间做出选择。显然，最后两种类型的竞争者在同一行业内竞争。旅游企业在制定营销策略时，必须考虑这些不同类型的竞争者，因为它们是影响营销活动的重要因素（图3-2）。

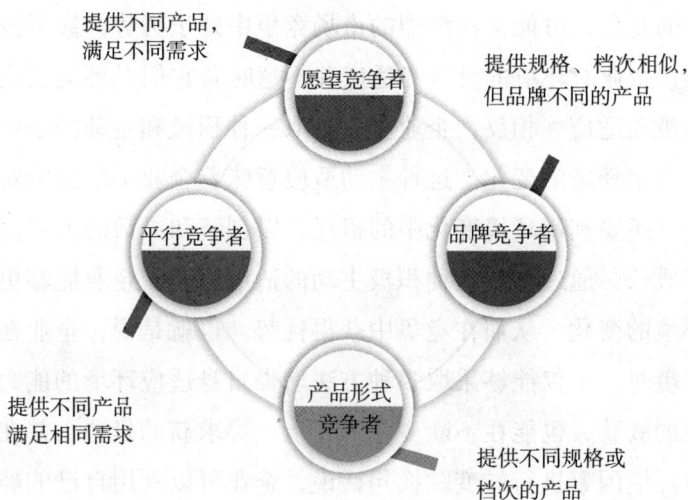

图 3-2 四种竞争者

---

① 王梦琳.论宏观环境对旅游市场营销的影响[J].旅游纵览（行业版),2012（10）:107.

在进行市场营销活动时，企业需要深入了解市场需求，并全面掌握竞争对手的信息，包括它们的数量、分布情况、综合实力、竞争目标、竞争策略、营销组合、市场份额及其发展趋势等。正确识别竞争对手并及时评估它们的行为和策略，是旅游企业在竞争激烈的市场中获得成功的关键。这种竞争意识和对手分析能力可以帮助企业在市场中保持敏锐的洞察力，更好地调整和优化自己的营销策略。

旅游企业所面对的内外部环境力量是动态且不断变化的，进行市场环境分析有助于企业掌控市场营销的机遇和风险，快速适应市场环境，发掘和开拓新的市场机会，从而在竞争激烈的市场中取得优势。

五、营销活动与市场营销环境之间的关系

市场营销环境对于企业经营至关重要，它既是企业经营的现实依据，也是其约束条件，对企业的生存和发展有着深远的影响。企业能否适应不断变化的市场营销环境，是决定其成败的关键。企业若不能有效适应外部环境的变化，可能会在激烈的市场竞争中处于劣势，甚至被市场淘汰。然而，企业对环境的反应和适应并不意味着它们对环境完全无能为力或只能被动适应。相反，企业应该采取一种积极和主动的态度，主动适应市场营销环境的变化。这种主动适应意味着企业不仅要应对环境带来的挑战，还要利用环境变化中的机遇，以创新和灵活的方式促进自身的发展和成长。通过采取这种积极主动的适应策略，企业能够更好地适应市场环境的变化，从而在竞争中获得优势。也就是说，企业在应对市场营销环境时，不仅能够采取多种方法增强自身适应环境的能力，从而避免潜在的威胁，也能在不断变化的环境中寻求新的机遇，并在适当的条件下对环境因素进行转变。换句话说，企业可以利用自己的经营资源主动影响和改变市场营销环境，为自己创造更加有利的运营空间，并使其营销活动更有效地适应市场环境。企业对市场营销环境的这种能动性和反作用表现在它们可以通过多种手段，如公共关系等，来影响和改变

环境中的可变因素，使之更有利于企业完成营销目标。简而言之，企业的市场营销策略应当是主动和灵活的，既要考虑环境的约束，也要寻找改变和利用这些环境的机会。营销活动与市场营销环境之间的关系如图3-3所示。

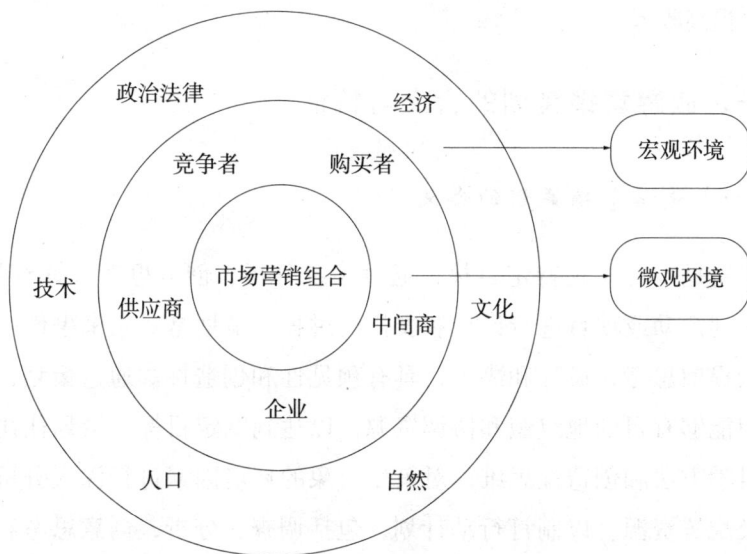

图 3-3 营销活动与市场营销环境之间的关系

营销管理者不但要适当安排营销组合，使之与外部不断变化的营销环境相适应，而且要创造性地适应和积极地改变环境，创造或改变目标顾客的需要。只有这样，企业才能发现和抓住市场机会，因势利导，在激烈的市场竞争中立于不败之地。

第二节　旅游营销策划的原理与程序

旅游营销策划是指将市场营销策划的原理与方法运用于旅游经营活动的专项营销策划活动。[①] 在旅游市场中，要想达到特定的营销目标，往往需要系统地设计和实施一系列营销活动和策略，这便是旅游营销策划

①　熊元斌.旅游营销策划理论与实务[M].武汉：武汉大学出版社，2005：3.

存在的价值与意义。进行旅游营销策划，需要对旅游市场进行深入分析，包括了解目标客户群的需求和偏好、竞争对手的状况、市场趋势以及相关环境因素。进行旅游营销策划的目的是通过有效的市场沟通和推广活动，吸引潜在的旅游者，提升旅游目的地或服务的吸引力，从而增加游客量，提高收入。

一、旅游营销策划的含义与特征

（一）旅游营销策划的含义

策划是指为实现特定目标，通过系统分析、创意思考和详细规划，对一系列活动或项目进行设计和安排的过程。策划是对未来事件或活动进行的提前思考、设计和决策，具有预见性和创造性。通过策划，个人或组织能够有目的地组织和协调资源，以达到既定目标。策划往往需要利用科学方法和创造性思维，对策划对象的环境因素进行深入分析，并整合及配置资源，以制订行动计划，包括调查、分析、创意思考和设计等步骤。从实践的角度来看，策划是一种理性的思维活动，它不仅是一种智力劳动，更是寻找事物间因果关系和衡量可采取策略的过程。简而言之，策划就是预先决定什么时候、在哪里、由谁、如何去做某件事情的过程。策划是对未来一段时间内可能发生事件的当前决策，是现在与未来之间的桥梁，它连接了现实与预期目标，帮助人们以有序和高效的方式实现目标。

旅游营销策划是一种将市场营销的原理和方法应用于旅游业务中的特定策划活动。在这个过程中，旅游营销策划人员会基于对旅游区域或企业现有资源的深入了解，结合对旅游市场环境的分析和研究，进行旅游营销活动的创意构思和设计规划。这包括针对特定的旅游营销项目、产品或促销活动制定具体的营销行动方案。在旅游营销策划过程中，策划人员需要评估旅游目的地或企业的优势和限制因素，了解目标市场的需求和偏好，以及识别潜在的市场机会和挑战。基于这些信息，他们将设计出旨在吸引旅游消费者的营销策略和活动，从而有效地推广旅游产品和服务，提升旅游目的地或企业的市场竞争力。

旅游营销策划作为一种战略指导，主要负责在整个计划周期内引导各项营销活动。营销目标的实现是评估企业在计划周期内所有工作成功与否的关键标准。任何可能阻碍营销目标实现的经营活动都需要进行相应的协调和规范。在进入市场之前，企业首先需要对市场进行细致分析和细分，然后选择适合的目标市场。其次，企业需针对进入这些细分市场后将要执行的各种营销活动制定具体的策略。这些活动包括产品开发、定价、分销渠道选择、促销、市场调研等，需要进行全面的统筹和规划，以确保工作的高效率。此外，营销策划通常以书面文件的形式存在，其内容应简洁明了，避免冗长，以确保易于阅读和实施。大多数营销策划，尤其是针对产品和品牌的策划，通常包含策划摘要、当前营销状况的描述、机会和问题的分析、具体目标、营销战略和行动计划、预期损益表，以及控制和评估机制等主要内容。

在当前我国旅游业的发展背景下，旅游营销策划的重要性愈发显著。首先，近年来，中国的旅游业经历了迅猛的发展，无论是游客数量还是旅游外汇收入，都已居世界前列，中国正在从一个旅游大国向旅游强国转变。随着经济的快速增长和居民收入的提升，旅游消费需求逐渐成为关注焦点。虽然中国旅游市场的发展潜力巨大，但许多旅游经营者，尤其是景区和景点的市场营销意识仍然较弱，营销策划往往不被纳入它们的战略规划。因此，在旅游业快速发展的背景下，制定规范化的营销策划对旅游经营者来说越发重要。其次，经过连续数年的高速增长，旅游市场开始趋于稳定，消费者变得更加成熟，对旅游出行的选择更加理性和审慎。他们不再盲目跟风消费，而是寻求真正的旅游享受。在这种情况下，旅游经营者如何吸引并赢得有消费能力的游客，将他们转化为自己的客户，成为一个关键的挑战。另外，随着旅游业的快速发展，竞争愈发激烈,尤其是在区域旅游资源同质化的背景下,要想在竞争中获得优势,就必须进行周密的策划和设计。通过精心策划,可提升旅游营销活动的效率和效果,使旅游区域和企业具备更强的竞争力。

(二)旅游营销策划的特征

1.目的性

作为一种理性的思维活动,旅游营销策划不是随意或无目的的行为,而是有特定的、明确的目标。这些目标可以是制定旅游营销战略和策略、开发新的旅游产品、开拓客源市场、筹划特定的旅游项目或节事活动,或解决旅游营销过程中遇到的特定问题。由于旅游营销策划旨在实现这些具体的目标,因此它具有很强的针对性和目标导向性。这意味着在策划过程中,所有的活动和决策都是围绕着这些预设目标展开的。策划者需要对旅游市场进行细致分析,识别目标客户群的需求和偏好,了解竞争对手的状况,评估市场趋势,并据此制定有效的营销策略。旅游营销策划的成功在很大程度上取决于策划过程中目标的明确性以及实现这些目标的策略和行动计划的有效性。

2.超前性

旅游营销策划是分析当前的旅游营销环境,并对未来的营销行为进行预见性的规划和安排。在旅游市场中,消费者需求、技术水平、竞争格局、经济环境、政策法规等各种因素都可能发生变化,这些变化对旅游市场和企业的影响是深远的。因此,旅游营销策划必须具有超前性,能够在当前市场环境下洞察未来,并制定相应的策略,以应对未来的变化。例如,旅游营销策划可能需要考虑未来几年内某个目的地的旅游趋势,消费者对新型旅游产品的接受程度,或者新兴市场的潜力等。通过这种超前的思考和规划,旅游企业能够更好地定位自己,提前准备必要的资源,以在未来的市场竞争中占据有利地位。

3.调适性

旅游营销策划的调适性特征是指旅游营销策划具有一定的灵活性和适应性，从而有效应对未来旅游业发展和市场环境的变化。这种特征体现在两个方面：第一，在策划阶段需要充分考虑未来旅游业的发展趋势和市场环境可能发生的变化。这要求旅游营销策划方案必须具备一定的灵活性，以适应可能出现的环境变化。例如，策划时需要考虑到经济波动、消费者行为的变化、新兴技术的应用、政策法规的调整等因素，确保策划方案在面对这些不确定因素时仍然有效。第二，在策划方案的执行过程中，根据市场反馈及时进行修正和调整。市场环境和消费者需求是动态变化的，因此在实施营销策划时，必须保持对市场反馈的敏感性，根据收集到的市场信息和数据，及时对策划方案进行调整，可以确保其更加符合市场的实际需求，提高营销活动的效果。

二、旅游营销策划的重要作用

（一）强化旅游营销目标

旅游营销的目标通常是指旅游目的地或企业希望通过营销活动取得的具体成果，如增加游客量、提升品牌知名度、增强市场份额或提高收入。这些目标不仅为营销活动提供了方向，还帮助公司衡量了营销活动的效果。明确的目标具有强大的牵引力，能引导行为朝着目标方向发展。旅游目的地或企业通过细致策划，可以使营销目标更加清晰，对营销活动有更为清晰的认识，包括了解目标市场、识别潜在客户群体以及评估竞争环境。旅游营销目标不是理想化的愿景，而是具体、可执行的计划，旅游营销策划有助于增强目标的可实现性和营销活动的有效性。

（二）加强旅游营销工作的针对性

策划的一个核心任务是发现市场空隙，并据此进行有效的市场定位。

这涉及根据竞争对手的市场地位和消费者对旅游产品的特定需求，为旅游目的地或企业塑造独特、鲜明的旅游形象，并将这一形象有效传达给旅游者。确定了市场定位后，旅游目的地或企业就可以围绕其开展有针对性的营销活动。

在旅游营销策划过程中，深入的市场研究和分析可帮助旅游企业或旅游目的地了解目标消费者的需求、偏好以及行为特征，为制定有针对性的营销策略提供了基础，确保旅游产品和服务能够满足特定市场的具体需求。旅游营销策划还需要对竞争环境进行评估，这有助于确定市场定位。通过分析竞争对手的优势和劣势，旅游企业或旅游目的地可以找到差异化的策略，从而在竞争激烈的市场中脱颖而出。这种差异化不仅基于产品或服务的实际特点，还基于品牌形象、顾客体验和价值主张。此外，旅游营销策划还关注如何通过各种渠道有效地传达营销信息，以吸引目标客户。这包括选择合适的广告媒体、促销活动和公共关系策略，这些都是根据目标客户的特性和偏好定制的。通过精准的沟通策略，旅游营销能够更有效地触及目标消费者，提升营销活动的成效。

（三）提高旅游营销活动的计划性

旅游营销策划的一个重要职能是确定未来的营销行动方案。一旦方案确立，它将成为未来营销活动的蓝图，指导着旅游目的地或企业的各项营销操作，从而确保营销工作有序进行。

通过旅游营销策划，旅游企业或旅游目的地能够将一系列复杂的营销任务和目标转化为结构化和有序的行动计划。这种计划性可以确保营销活动的连贯性和一致性，有助于资源的有效分配和时间管理。在旅游营销策划过程中，企业首先会对市场进行深入分析，包括消费者行为、市场趋势、竞争环境等，以确保策划基于准确和全面的信息。其次，企业会根据这些分析结果制定明确的营销目标，并规划实现这些目标的具体策略和行动。这包括确定旅游产品的开发方向、营销渠道的选择、促销活动的设计以及预算的分配。另外，策划还涉及对旅游营销活动的时间线和关键里程碑的设定。通过制定详细的时间表，企业能够有效地监控进度，确保各项任务按时完成。不仅如此，旅游营销策划还包括风险评估和应对策略的制定，以应对可能出现的挑战和变化。通过这种有计划和有组织的方式，旅游营销策划使得营销活动更加系统和高效，从而提高整体营销活动的效果。

（四）降低旅游营销活动的费用

经过精心策划的营销活动能够使用较低的费用取得较好的效果。旅游营销策划涉及对未来营销活动费用的周密预算，以及对费用支出的最优化组合，有效避免了盲目行动可能导致的资源浪费。在策划阶段，对市场进行深入分析并明确营销目标后，旅游企业能够更加精准地确定需要投入的资源类型和数量，这包括对广告、促销以及其他相关营销活动费用的精确预算和分配。通过这种精确的预算控制，旅游企业可以确保每一分钱都被有效利用，避免因缺乏规划而导致的冗余支出。同时，旅游营销策划涉及对营销活动投入产出比的评估，以确保所投入的资源能够带来最大的回报。这种成本效益分析有助于企业避免投资效果不佳的营销活动，并将资源集中于那些更有可能产生积极回报的领域。此外，旅游营销策划还能通过策略的创新和优化，如数字营销和社交媒体利用，实现成本效率的最大化。这些现代营销渠道通常比传统媒体更为经济，同时能够针对特定的目标市场，从而减少广泛而无效的传统广告支出。总之，旅游营销策划可通过精确的预算控制、投入产出比分析和营销策略的创新，帮助旅游企业在确保营销活动有效性的同时，降低整体的营销成本。

三、旅游营销策划的三大要素

旅游营销策划包括独特的创意、明确的目标和实际可行性三大要素。

独特和创新的思维是策划中不可或缺的部分，否则，策划就可能失去其吸引力和影响力。同时，策划必须有明确的营销目标，这些目标指导整个策划过程，确保所有的活动和努力都是为了实现这些特定的目的。另外，策划的可操作性同样重要。无论创意多么精彩，目标多么明确，如果所提出的策划无法实际执行，那么这个策划就失去了其价值。因此，一个成功的旅游营销策划需要将这三个要素融合在一起，以确保既有创意又具有明确目标，还是可操作和实施的。

（一）独特的创意

创意指的是那些别具一格、新颖且具有创新性的想法和概念，是营销策划中至关重要的元素。创意能够使策划方案脱颖而出，吸引人们的注意力。创意的产生并非深奥或不可解的，而是基于对现有信息和经验的深入理解以及对行业趋势的敏锐洞察。这需要营销策划者积极地积累知识和经验，同时要发挥想象力、创造力。创意往往源于对常规思维方式的挑战和打破，通过采纳新的思维模式和观点，营销策划者能够提出既具有创新性又能引发兴趣的策划方案。因此，营销策划者需不断开阔思路，突破传统框架，以便产生那些能够引起市场和消费者共鸣的创新想法。这种持续的创新和创造性思维是旅游营销策划成功的关键因素。通过这样的过程，旅游公司不仅能够更有效地吸引目标群体，还能在竞争激烈的市场中确立独特的地位。

（二）明确的目标

具体而言，旅游营销策划的目标应具备三个特点：第一，目标需要具体、量化，即应当是明确且可衡量的，如增加特定时间内的游客数量、提升一定比例的市场份额或实现特定数额的收入增长。量化的目标使得营销活动的效果可以被具体评估和追踪。第二，旅游营销策划的目标既应包括长期目标，也应包括短期目标。长期目标描绘旅游企业或旅游目的地的未来愿景，短期目标则是为了实现长期目标而制定的阶段性任务。各个阶段的短期目标应该相互衔接，保持一致性，并协同推进，以实现长期目标。第三，目标应具有价值。这种价值体现在两个方面，对企业员工而言，营销策划的目标应与他们的利益紧密相关，能够激发他们的积极性，并得到他们的认可和支持；对于旅游企业而言，这些目标应有助于推动企业的成长和进步。

（三）实际可行性

旅游营销策划中的各项措施和行动方案都必须是在企业现有资源条件下可实现的，同时要考虑到与外部环境的兼容性，确保策划方案不与外界环境发生冲突。一个具有可操作性的营销策划不仅包含有创意的构想和明确的目标，还包括一系列具体、实际可行的行动策略。这些策略应该明确指出如何利用企业的人力、财力、物力、信息资源、信誉和品牌等，以有效地实现策划目标。此外，可操作的策划还需要明确各参与者的角色和责任，确保每个人都清楚自己的任务和行动方向。

四、旅游营销策划的基本原则

（一）客户中心原则

客户中心原则强调将客户的需求和体验放在所有策划活动的中心位置，在策划过程中始终关注并满足旅游消费者的期望和偏好。实施客户中心原则的核心在于深入理解客户，包括了解他们的旅游偏好、兴趣点、消费习惯和期望值。通过市场研究、客户调查和数据分析等方法，旅游企业可以收集目标客户群体的信息，并依据客户的具体需求和偏好来设计旅游产品和服务。例如，如果发现特定客户群体对生态旅游或文化体验有较高兴趣，企业可以开发相应的旅游产品和服务。此外，客户反馈是提高产品和服务质量的宝贵资源，企业应积极收集和分析客户的反馈信息，以不断优化和调整其提供的旅游体验。需要注意的是，企业还要在营销沟通中注重与客户的互动，通过社交媒体、客户服务和个性化营销等方式，与客户建立稳定的关系并维持持久的互动，以提高客户忠诚度和满意度。

（二）生态为本原则

生态环境不仅是旅游资源的重要组成部分，也是旅游业可持续发展的关键基础，旅游开发和营销活动应避免对自然环境造成破坏，如过度开发、污染和生态系统破坏等。营销策划应关注环境保护和可持续旅游，如推广生态旅游项目，鼓励游客参与环保活动，或营造低碳旅游体验等。另外，在旅游地点选择、基础设施建设、旅游产品设计等方面也要注重生态保护。例如，旅游设施建设应采用环境友好材料，减少能源消耗和废物排放，同时保护当地的自然景观和野生动植物。在进行旅游产品设计时，应在不破坏生态平衡的前提下，为游客提供丰富的旅游体验。旅游企业和目的地应与政府、非政府组织和当地社区合作，共同推动生态旅游项目和环保政策实施。这种合作有助于共享资源，提高生态保护的效果，并创造更多可持续旅游的机会。

通过将生态保护纳入旅游营销的各个方面，旅游企业和目的地可以在保障环境安全的同时，提供独特而有意义的旅游体验，为当地社区和整个旅游产业创造长期价值。

（三）市场导向原则

成功的企业能够理解并满足市场需求，而不仅仅是提供产品和服务。市场导向原则要求企业从市场的角度出发，识别和理解市场需求，并据此制定和实施业务策略。这有助于企业更好地服务于客户，在竞争中保持优势，提高在市场中的成功率和盈利能力。

在旅游营销策划中，首要任务是深入了解和分析旅游市场的动态，包括对旅游市场趋势的洞察、消费者需求的变化以及竞争对手策略和动态的全面了解。例如，如果市场调研显示消费者对可持续旅游产品的兴趣日益增长，那么旅游企业应考虑开发符合这一趋势的产品，以满足市场需求。市场导向原则还要求旅游企业在策划过程中不断调整和优化其产品和服务，以更好地适应市场变化。通过对市场反馈的及时响应和调整，企业能够更有效地吸引和保留客户，从而提高市场份额和利润。另外，市场导向原则还强调旅游企业需要在策划中考虑长远发展。这不仅是为了满足当前市场需求，更是为了预测和应对未来市场变化，确保企业在竞争激烈的市场中长久生存和发展。通过持续的市场研究和创新，企业可以不断发现新的市场机会，保持其产品和服务的相关性和吸引力。

（四）文化动机原则

在策划过程中，要充分考虑和利用当地的文化特色和背景。随着社会的发展和文化旅游的日益流行，文化成为现代旅游活动中的一个重要元素。旅游不仅是一种地理上的转移，更是一次跨文化的体验。这种体验的核心在于，旅游活动使人们能够深入了解和体验不同地域的文化特色。在旅游营销策划中运用文化动机原则意味着策划者需要深入了解旅游目的地的文化底蕴，包括当地的历史、艺术、传统习俗、生活方式和价值观等。通过这种深入了解，策划者可以更好地发掘和利用这些文化特色，设计出具有地域性和民族特色的旅游产品和体验，从而满足游客对文化探索和体验的需求。

旅游营销策划不能简单地将一个地区的旅游产品或营销策略复制到另一个地区。每个地区都有其独特的文化和游客群体的特定需求，因此，旅游产品和营销策略需要根据旅游目的地的具体文化特点来定制。这种定制化的策划更有可能吸引那些对特定文化感兴趣的游客。此外，文化动机原则还强调在旅游营销中传播和保护当地文化。这不仅有助于保护和促进地区文化的传承，也能提高游客对旅游体验的满意度，还能增强旅游目的地的吸引力和竞争力。

五、旅游营销策划的一般步骤

旅游营销策划的一般步骤包括以下几点（图3-4）。

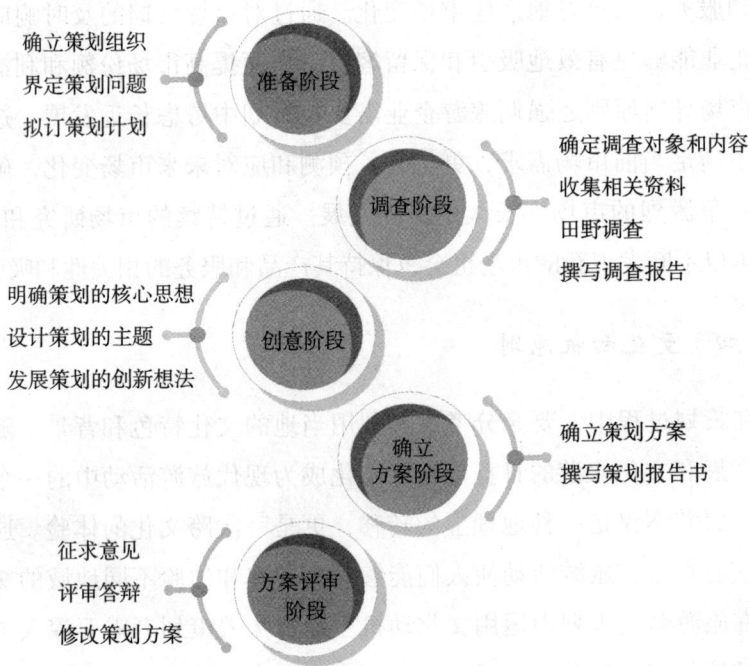

确立策划组织
界定策划问题
拟订策划计划
准备阶段

调查阶段
确定调查对象和内容
收集相关资料
田野调查
撰写调查报告

明确策划的核心思想
设计策划的主题
发展策划的创新想法
创意阶段

确立方案阶段
确立策划方案
撰写策划报告书

征求意见
评审答辩
修改策划方案
方案评审阶段

图 3-4　旅游营销策划的一般步骤

（一）准备阶段

在准备阶段，需要明确策划的目标和范围，组建适合的策划团队，并制订初步的工作计划，为整个策划过程打下基础。

1.确立策划组织

负责旅游营销策划的组织或团队通常要依据旅游营销策划的具体需求来确定，可能涉及旅游企业、政府旅游管理部门或其他相关机构。这些实体根据其在决策、管理、营销、产品开发和品牌建设等方面的需求，提出策划的初步要求，并决定谁来负责这项工作。负责旅游营销策划的组织可能是企业内部的策划部门，也可能是通过外包寻求到的外部专业团队。外包的组织通常是一个临时性集体，既包括委托方的相关人员，也包括策划专家，共同负责旅游营销策划的编制任务。在选择旅游营销策划的承担者时，应优先考虑那些具有丰富旅游营销策划经验的机构，如高校、科研机构或专业策划公司。一旦确定了承担者，其应该组建一个与策划内容密切相关的专业技术团队，并围绕策划的主要方向与委托方积极沟通，共同讨论和确定策划的具体问题和任务。

2. 界定策划问题

界定策划问题是指委托方和受托方基于对旅游营销策划方向的了解，通过商谈和协调就策划的具体问题达成共识的过程。虽然这个环节极其重要，但在实际操作中往往容易被忽视。在这个过程中，首先要做的是把委托方的旅游营销策划意图转化为具体的问题。这意味着要准确理解委托方对于旅游营销策划的大致意图及其预期目标，为此，双方需要进行有效沟通，确保对策划意图有共同的认识和理解，避免因为意图不明确而导致的误解或不利的策划进展，甚至避免合同纠纷的发生。

策划问题目标化是将策划的意图和问题转化为具体的策划目标，即将策划中的每个问题提升到目标层面。在旅游营销策划中，问题通常指的是需要解决的具体挑战或困境，如游客下降的问题。策划的目标则是策划期望达成的最终结果，如使游客翻番。这里要注意的是，解决策划中面临的问题并不等同于实现策划目标。策划目标的实现需要超越仅仅解决问题的层面，它依赖于一个系统的策划方案。策划内容包括所需完成的具体工作和任务，这些内容由策划中的问题和目标决定，并通过双方协商确定。策划内容既要包含需要解决的问题和期望达到的目标，也不应超出项目的预算和时间范围。在确定策划内容和时间时，受托方需要对策划问题的难度和目标的规模进行深入的分析和评估，包括论证问题的难易程度,综合评估目标的大小,并参考类似项目的经验。

3. 拟定策划计划

拟定策划计划是整个策划工作的核心环节,它为旅游营销策划的全面实施提供了全局性的工作框架和进度参照。拟定策划计划时,应考虑委托方对于项目质量和时间的具体要求,并紧密结合策划中确定的问题和目标。

策划计划的主体内容涵盖了从策划开始到结束的整个进度安排,包括每个关键环节的具体工作内容及其对应的时间安排。这意味着计划中将明确每个步骤需要完成的任务,以及每项任务的预定完成时间,从而确保策划的有序进行。除了工作进度和内容,策划计划还包括策划团队的组织结构和人员分工。这涉及确定团队成员的职责和角色,确保每个成员都清楚自己的工作职责和所需完成的任务。此外,策划计划还包括调查方法和路线,这是策划成功的关键因素,需要根据策划目标和问题来精心设计。调查方法的选择和路线规划将直接影响到数据收集的有效性和策划的最终结果。经费使用的安排也是策划计划的重要组成部分,包括预算的分配和管理。合理的经费安排能确保策划高效运作,同时避免资源的浪费。

(二)调查阶段

调查阶段的成效决定了整个策划的质量。在这一阶段,关键的工作包括确立调查的对象和内容、收集相关资料、进行实地调查(田野调查),以及撰写调查报告等。

确定调查对象和内容是这一阶段的起点,应根据旅游营销策划的具体目标和内容来设定。不同类型的策划,如针对单一项目的策划与更为综合性的策划,其所需的调查工作量和深度会有显著差异。例如,综合性的策划可能需要更广泛的调查,包括产业发展背景、国家和地方的经济状况、社会政治环境以及相关政策措施等。此外,具有特定策划内容的专项调查同样重要。以旅游形象策划为例，需要进行的专项调查包括该地或景区的美誉度、知名度、认可度，以及游客获取信息的途径等。这些专项调查有助于深入了解目标地区或景区的当前状况和潜在机会。

在调查过程中，还需要收集和整理与调查对象和内容直接相关的信息。资料依据其来源可以分为第一手资料和第二手资料。第一手资料，亦称为原始资料，是指调查者通过直接调查活动所获得的原始信息和数据。这类资料通常包括调查者通过访谈、问卷调查、实地观察等方式收集的直接信息，具有原始性和直接性。第二手资料则指的是通过间接方式获取的相关信息和数据。这类资料可能来源于已发布的研究报告、书籍、期刊文章、网络资源等，它们提供了对调查对象的额外见解和背景信息。旅游营销策划中所使用的资料在表现形式上也有所不同，主要包括文字资料、图片图像资料以及统计报表资料。文字资料可以提供详细的描述和分析；图片图像资料能形象地展现调查对象的实际情况；统计报表资料则为策划提供了可靠的数据支持。

田野调查是根据科学方法在现场直接进行调查，以收集数据和信息。这种调查通常在策划计划的早期阶段就已规划好，包括选择合适的调查方法，诸如现场观察、问卷调查、个别访谈以及小组讨论等。实施田野调查的目的是深入了解与旅游策划相关的实际情况，尤其是获取一手资料，这些资料对于确保旅游营销策划的准确性和有效性至关重要。通过直接与调查对象接触，田野调查可以提供更具体、更直观的信息，从而为策划提供更加深入和全面的视角。田野调查不仅是资料收集过程中的重要环节，更是整个调查阶段的核心，对调查报告的科学性有着直接影响，进而决定了旅游营销策划方案的整体质量。

撰写调查报告是旅游营销策划调查阶段的最后环节。这份报告不同于整理和分析收集到的资料，它是为了服务旅游营销策划的具体目标而编写的。报告中不仅要包含对收集资料的详细梳理和有效运用，还需要突出那些与策划任务直接相关的核心问题和面临的主要挑战。在撰写过程中，调查报告需要详细阐述调查的发现，并将这些发现与策划的目标和内容紧密联系起来。它的撰写需要充分考虑策划的目标和重点，报告内容对于实现策划目标具有指导意义。

（三）创意阶段

创意阶段是整个策划流程中的核心和关键。在这个阶段，策划者需要通过创造性思维来进行三项工作：明确策划的核心思想、设计策划的主题和发展策划的创新想法。

明确策划的核心思想，就是要确定策划活动或目标的作用层次和品位，也就是说，策划者需要明确策划应达到的文化品位和预期效果。这一核心思想不仅是策划方案制定的总体指导思想，也是其实施效果的决定因素。一个成功的策划核心思想应具有时代感，能反映行业的前沿，并突出策划的主题。

设计策划的主题是指将策划活动的理念、内容及其特色进行高度概括和提炼，确保它们能够准确反映策划目标的发展方向、功能和形象。这一主题应是策划活动的灵魂，贯穿于整个策划过程中。在设计主题时，要保证其突出且具有独特性，避免内容的分散和平庸。

发展策划的创新想法是一个创造性的思维过程。在这一过程中，策划者通过创新思维形成新的想法和方法。虽然创新想法以点子为基础，但它不仅仅是简单的点子累积，而是建立在点子之上的系统化思维体系。这些创新想法是策划方法的核心组成部分。

（四）确立方案阶段

确立方案阶段是将旅游营销策划的创意具体化，形成详细的策划方案（也就是策划书）的过程。这一阶段主要包括两个环节：一是确立策划方案；二是撰写策划报告书。

在经过创意阶段之后，策划团队通常会有多个创意和初步的策划方案，接下来的工作就是对这些创意和初步方案进行深入的评估和比较，旨在筛选出最优的方案，这些方案将作为编写策划报告书的依据。在选择最优方案时，需要考虑几个关键标准：创新性、可行性和委托方领导的认可。创新性是指策划方案必须具有新颖性和独创性，能够提供与众不同的视角或解决方案。可行性则关注方案是否能够在实际操作中顺利实施，需要考虑投资规模、实施周期等因素。委托方领导的认可则是评估方案是否能够得到决策层的支持，这一点看似无关，实则至关重要。委托方领导通常能从更高的层面对方案的内外部条件进行评估，考虑政策及实施条件等多方面因素。

策划报告书是呈现旅游营销策划最终成果的重要文件，它不仅反映了策划的整体质量和水平，也是策划工作的核心成果。因此，撰写策划报告书时，需要依据选定的最优方案进行。这个过程通常包括集体确定报告书的格式和内容、由策划团队成员分模块进行撰写、互相校对文稿，以及最终由指定人员统一整合文稿。一份完整的旅游营销策划报告书一般包括八个部分：一是策划项目的名称、委托单位、策划机构及完成时间，这些是报告的基本信息；二是阐述策划问题、目标、依据与基本原则，这些内容展示了策划的核心目的和依据；三是对策划对象所在的经济、社会和文化环境进行深入的分析；四是对策划的资源条件和市场基础进行分析，这为策划方案提供了坚实的基础；五是策划方案本身及其详细说明，这是报告的核心部分；六是策划实施的措施和保障，确保策划的顺利进行；七是策划相关项目的实施概算，提供财务预算和投入估计；八是策划的效果分析与风险预防，对策划的可能结果和风险进行评估。

（五）方案评审阶段

方案评审阶段的主要目的是通过专业评审来进一步深化和完善策划。这个阶段通常以会议形式进行，故也被称为专家评审阶段。方案评审阶段主要包括三个步骤：一是征求意见。在策划评审会议开始之前，策划委托方会广泛征集来自评审专家、相关工作部门人员以及其他认为合适的领导或专家的意见和建议。这一步骤是为了收集尽可能多的观点，为评审会议提供丰富的参考。二是评审答辩。在这个环节中，由答辩主席主持会议，包括听取策划团队的汇报、专家组进行评议和提问、策划团队回答问题，以及专家组商议评审意见并宣布评审结论等。这一环节是评审过程中的核心，旨在通过深入的讨论和交流，对策划报告书进行详细的评估。三是修改策划方案。如果策划报告书通过了评审，策划团队应根据专家的建议对策划报告书进行针对性的修改、补充和完善。如果策划报告书没有通过评审，策划团队可能需要重新进行策划工作，或者委托方可能会选择其他团队来进行新一轮的策划。

六、旅游营销策划的主要技巧

要想在激烈的旅游市场竞争中取得先机并获得优势，旅游营销策划需要巧妙地运用三个关键技巧：势、时、术。

（一）旅游营销策划中的"势"

在旅游营销策划中，"势"指的是营销环境的整体发展和变化，它涵盖了市场趋势、社会潮流、行业形势等各个方面。理解和运用"势"的关键在于先"度势"，即评估当前环境和潮流，然后"运势"，即根据这些趋势制定和实施策略。一般来看，运用"势"的技巧主要包括以下几点。

一是借势，即将现有的市场趋势、大型事件或他人的影响力为自己所用。例如，如果某个旅游目的地因为某部热门电影或电视剧而变得知名，旅游企业可以通过与该影视作品相关的主题旅游产品来吸引影迷。

二是顺势，这是指顺应市场趋势和消费者偏好的变化。例如，随着生态旅游和可持续旅游越来越受欢迎，旅游企业可以推出更多的生态友好型旅游产品，以满足日益增长的需求。

三是转势，主要是将不利因素转化为有利条件。例如，如果某个旅游目的地由于自然条件不稳定而不太受欢迎，旅游企业可以通过推出冒险旅游或生存挑战类的活动来吸引那些寻求刺激和冒险体验的游客。

四是造势，即通过媒体制造声势，提升知名度和影响力。例如，旅游企业可以利用社交媒体、影视广告、大型活动等方式，增加曝光度，吸引公众的注意。

通过有效理解和运用"势"，旅游营销策划能够更好地顺应市场潮流，把握机遇，并在竞争中获得优势。这要求旅游企业不仅要对市场环境有深刻的洞察，还要具备灵活的策略制定和实施能力。

（二）旅游营销策划中的"时"

"时"，即时机和机遇，它们往往是短暂和不可预测的，在恰当的时刻捕捉并利用这些时机，它们通常能带来众多成果。对于旅游营销策划者来说，要想有效地把握住这些机遇，必须保持高度的警觉和敏感，持续观察市场环境和动态，准确地预测可能出现的机会，并及时作出反应。这就要求旅游营销策划者平时就要做好周密的准备，对于可能出现的机会有所预见，并制定相应的应对策略。

尽管机遇的出现是偶然的，但在其出现之前往往会有一些微妙的征兆。细心的旅游营销策划者总是能够察觉这些细微的信号，并据此做出准确的预判，迅速做出决策，从而及时抓住这些机遇。

（三）旅游营销策划中的"术"

在旅游营销策划中，"术"是指策划过程中所使用的各种策略和手段。这些策略多种多样，而且不断有新的策略出现。在众多策略中，常见的有"以情感人"和"出奇制胜"。

"以情感人"的策略是基于人的情感和心理需求来设计旅游产品或活动。人的需求不仅包括生理上的，还有心理上的，其中情感需求是心理需求的重要部分。当旅游营销策划针对旅游者的情感需求进行设计时，能创造出富有感染力的旅游体验，这往往能带来更好的营销效果。

"出奇制胜"的策略则强调创新和独特性。在当代社会，人们每天都被大量的商业信息包围，传统而平凡的营销策划很难引起他们的注意。只有那些新奇独特、能够引发兴趣和激发欲望的营销策划才能在竞争激烈的旅游市场中脱颖而出，赢得竞争优势。通过创造性的策划和不寻常的方法，旅游企业能够更好地吸引旅游者的注意，留下深刻印象，从而促使他们采取行动。

第三节　大数据背景下旅游精准化营销策略

一、大数据与旅游精准营销的含义

（一）大数据

大数据（Big Data），或称巨量资料，指的是所涉及的资料量规模巨大到无法透过目前的主流软件工具，在合理时间内达到撷取、管理、处理，并整理成为帮助企业经营决策更积极目的的资讯。[①] 大数据是规模庞大、类型繁多的非结构化数据，包括图像、视频、音频，以及来自各种设备的数据等。与大数据密切相关的是一系列先进的数据处理技术，它们不同于传统方法，专门用于处理和分析大量的结构化、半结构化和非结构化数据，目的是提取有用的信息、进行分析和做出预测。它们能够高效地处理海量数据，并从中挖掘出有价值的洞见和知识。大数据的核心价值在于，它能够基于数据分析提供预测性的见解，这些见解对于决

---

① 　罗成奎.大数据技术在智慧旅游中的应用[J].旅游纵览（下半月），2013（16）：59-60.

策制定、市场趋势预测、消费行为分析等方面都极具价值。因此，大数据不仅仅是数据本身的积累，更关键的是如何通过技术来有效处理和利用这些数据。

与传统数据相比，大数据具有"4V"的特征：第一，体量（Volume）。大数据涉及的数据量巨大，从 TB（太字节）到 PB（拍字节）甚至更多。第二，速度（Velocity）。数据生成和处理的速度极快，需要实时或近实时处理。第三，多样性（Variety）。数据来自多种不同来源，包括结构化数据（如数据库中的表格）、半结构化数据（如 XML 文件）和非结构化数据（如文本、视频和音频）。第四，可信度（Veracity）。数据的质量和准确性不一，因此需要验证和清洗。大数据的应用范围广泛，从提高商业决策效率到优化科学研究、提升政府服务水平，再到推动个性化服务等领域都有所涉及。随着技术的发展，大数据分析已成为各行各业获取洞见、提升效率、预测未来趋势的重要工具。

（二）旅游精准营销

进入大数据时代后，旅游企业的经营模式较以往已经产生了较大的变化，同时大数据对人们日常生活的影响也越来越突出。[①] 当人们在网上搜索、浏览和互动时，会产生大量的数据，这些数据对于旅游产业的发展至关重要。目前，国内许多旅游服务应用程序都会通过大数据技术来分析用户数据，此外，旅游企业还会运用大数据技术进行问卷调查。通过收集和分析用户的在线行为数据，旅游企业能够更精确地了解用户的偏好和需求，使得旅游企业能够提供个性化的推荐，如旅游目的地、住宿选择、旅游路线等，从而提高用户满意度和旅游体验的质量。同时，问卷调查的数据分析帮助企业捕捉到用户的具体需求，进一步精细化它们的服务和产品，以满足不同用户的独特需求。总之，大数据技术在旅游产业中的应用为提供定制化服务和增强客户体验开辟了新的可能。

①　卢婉. 大数据在营销管理中的应用综述 [J]. 中国集体经济，2022（19）: 64-66.

关于旅游精准营销这一概念，目前还没有明确的定义。徐海燕认为，基于各类搜索数据，可以精准地找到客源市场，再通过对客源市场游客属性数据的挖掘分析，可以精准预测旅游者的个人行为偏好，从而精准投放营销信息或促销活动信息，并针对不同的目标市场和不同的旅游者制定相应的营销活动方案。[①] 王丽娜等认为，大数据的核心在于挖掘数据中的情报和价值，这将有助于区域旅游在旅游市场中形成自己的个性化品牌，体现区域旅游的品牌价值。[②]

互联网的普及及其提供的大量信息为实现精准营销提供了必要的基础，也为营销人员提供了宝贵的数据资源。他们可以通过互联网收集和分析目标客户群的需求数据，甚至可以观察到竞争对手的市场活动和营销手段。利用这些信息，结合企业的实际情况和市场环境，营销人员能够制定更加符合目标市场需求的营销策略，不仅有助于提升营销活动的效率和有效性，而且能确保资源得到最优化配置和利用。简而言之，通过精准分析互联网上的数据，企业能够更加有针对性地满足客户需求，同时在激烈的市场竞争中占据有利地位。

大数据技术被广泛应用于各个产业，在旅游领域被用来深入分析和理解游客的详细信息，进而精确把握他们的旅游需求和偏好。这种深度洞察使得旅游企业能够对游客实施更加精准的营销策略。应用大数据技术，旅游企业还能有效优化旅游线路和服务，降低营销成本。这种成本效益的提升使企业能够将更多资源投入提高服务质量上，从而在竞争激烈的市场中提升竞争力。例如，通过分析大数据，旅游企业可以发现特定客群对某些目的地的偏好，从而开发更受欢迎的旅游产品和服务。

在旅游业中，旅游精准营销是大数据的典型应用。通过收集和分析来自多个渠道的大量数据，旅游企业能够更精确地了解游客的需求和偏

---

① 徐海燕.大数据背景下旅游营销创新模式研究：以途牛旅游网为例 [D].贵阳：贵州财经大学，2016.

② 王丽娜，俞湘蝶，王思佳，等.大数据背景下区域旅游精准营销策略研究 [J].数码世界，2020（2）：237.

好，从而实现更加个性化和针对性的营销。精准营销在旅游业的表现形式主要包括为游客推荐他们可能感兴趣的目的地、定制化的旅游套餐、优惠活动，甚至是个性化的旅行建议。例如，基于游客过去的旅游历史、搜索习惯和购买行为，旅游企业可以推测出他们未来可能感兴趣的旅游产品和服务。此外，大数据还可以帮助旅游企业识别市场趋势，预测需求波动，优化资源分配，进而提高经营效率和客户满意度。例如，通过分析某个目的地的游客量和消费模式，旅游企业可以更合理地调整价格策略，安排交通和住宿资源。

二、大数据引起的旅游营销变革

随着电子商务、互联网营销、O2O 等现代商业模式的兴起，大数据技术已经引发了一系列商业变革。这种变革并非局限于技术和营销层面，而是波及商业思维和管理文化的改革（图 3-5）。例如，某公司通过对海量数据的分析，彻底改变了其产品营销策略、营销渠道和营销重点，从而实现了营销方式的革新。在大数据的支持下，该公司不再采用传统的所有渠道统一铺货的营销模式。相反，它开始依据大数据分析的结果来确定产品在不同渠道的分布。该公司选择了天猫旗舰店作为其高端产品的主要销售平台，并以网络销售为主要营销渠道。这种基于数据的精准营销战略，不仅提高了销售效率，还优化了资源配置，极大地提升了公司的市场竞争力。

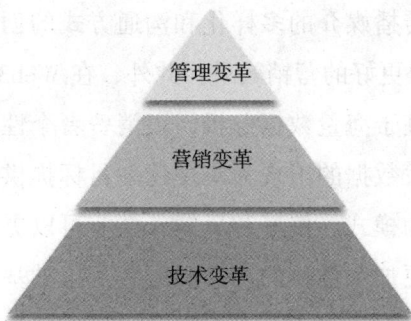

管理变革

营销变革

技术变革

图 3-5　大数据引发的商业变革

大数据在商业变革中的作用远不止于此。它已经成为企业的一种新型管理文化，是基于数据的决策文化的核心。在管理层面，大数据使得决策过程更加科学和精确。通过对客户行为、市场趋势、竞争对手情况等方面的数据进行分析，企业能够做出更加合理和高效的管理决策。在技术变革方面，大数据技术的应用使得信息处理更加高效和智能化，从而提高了企业的整体运营效率。在营销领域，大数据引起的变革尤为显著。企业通过分析消费者的在线行为、购买历史、偏好等数据，可以更准确地把握市场趋势和消费者需求，实施精准营销。这不仅有利于提升营销活动的有效性，还有助于提高营销投资的回报率。例如，通过数据分析，企业可以发现哪些广告最吸引消费者，哪些促销活动最有效，甚至可以预测特定时期消费者的购买意愿。这些深入的见解为企业提供了强大的竞争优势，使其能够在激烈的市场竞争中脱颖而出。

旅游营销经历了以产品为核心的 1.0 时代、以消费者需求为中心的 2.0 时代、以产品和消费者关系为中心的 3.0 时代，如今已步入以技术手段实现消费者个性化需求的智能营销 4.0 时代。在这个以"智能+"理念为核心的新阶段，旅游营销的重点转移到了迎合消费者个性化和碎片化需求上。这种新模式建立在工业 4.0 的基础上，包括移动互联网、物联网、大数据和云计算，同时采用柔性生产和数据驱动的供应链管理，以更全面地整合商业活动。智能营销 4.0 时代的特点在于，它不再局限于传统的大众营销和分众营销策略，而是更注重运用创新的营销传播方式，通过内容的创新、传播媒介的多样化和沟通方式的创新，吸引更广泛的受众群体，从而取得更好的营销效果。此外，在 Web3.0 时代的营销背景下，这种营销模式基于海量数据分析，以消费者个性化需求为中心，提供定制化的服务。大数据的出现为实现这一目标提供了强大的支持。通过分析消费者的行为模式、偏好和反馈，企业可以更精准地定位市场和消费者，为其提供更加个性化的产品和服务。这种基于数据的深度分析使得营销活动更加有效和精准，为旅游业带来了新的发展机遇和挑战。

在这个智能化、个性化的新时代，旅游营销正在成为一个更加动态、互动和智能的领域。

在当前的旅游营销领域，互联网的快速发展已经极大地扩展了旅游消费者获取信息的渠道和范围。消费者不再仅仅是被动接收旅游信息的一方，而是变得主动起来。他们不仅能自行搜集和查询相关信息，还会参考他人的评价和反馈，以此来形成自己的见解，并主动分享和传播信息，从而影响更广泛的人群。现代的旅游消费者已经摆脱了传统的依赖旅行社、电视和报纸获取信息的模式，以及完全听从导游或旅行社安排的出游方式，更倾向于寻求个性化、自由化的旅游产品和体验。在这样的变化趋势下，传统的旅游营销模式显然已经不再适应市场的需求，因此，更加个性化的营销策略应运而生。旅游业者现在需要更多地关注消费者的个人偏好、行为习惯和反馈意见，以此来设计和推广适合他们的产品和服务。这种以消费者为中心的营销策略不仅能够更好地满足消费者的期望，也能帮助企业在竞争日益激烈的旅游市场中获得优势。总之，随着互联网时代的发展，旅游营销正在经历从传统到现代的转型，向着更加精细化、个性化的方向发展。

旅游业作为一种典型的服务产业，其产品特性与传统商品截然不同。旅游产品通常是基于不可再生的自然和文化资源开发的，这意味着它们无法像其他商品那样通过物流来传递或运输。同时，由于旅游产品的这种特殊性，针对每个游客的兴趣爱好进行个性化开发变得不太可行，尤其是在自然资源或文化历史资源方面。然而，旅游业是一个包含众多行业的综合性产业。除了游览活动本身，旅游还涉及食、住、行、购、娱等多个方面，这些是可以根据游客不同的兴趣和喜好进行个性化设计的。例如，居住和餐饮服务可以根据游客的特定需求来定制，购物和娱乐活动也可以依据游客的兴趣进行调整。此外，旅游消费者对旅游产品的权利主要是使用权而非拥有权。这种使用权是独一无二的，无法被取代。只有游客亲自到达旅游目的地，才能真正体验和享受旅游产品。因此，旅游业个性化服务的应用主要体现在为游客提供个性化推荐服务上。这包括为游客提供符合他们兴趣和喜好的旅游路线建议、餐饮选择、住宿推荐等，旨在增强游客的个人体验，从而提升游客的旅游满意度。通过这种方式，旅游业能够更好地适应市场需求，为游客提供更加丰富和个性化的旅游体验。

旅游业中个性化推荐服务的应用最初主要集中在旅游产品的预订环节。这一过程主要通过电子商务平台进行，用户需要在海量的旅游信息中自行搜索、筛选，并最终做出判断，以形成旅游订单。在这个阶段，旅游业的个性化服务主要体现在帮助消费者预订产品上，而且这一过程几乎完全由消费者自己完成。电子商务企业或旅游企业在这个过程中相对被动，它们并没有主动与消费者互动，也没有根据用户的搜索行为向其推荐相应的产品，更不用说根据不同用户展示定制化的产品信息，或在整个旅游经历中提供个性化推介服务。随着大数据时代的到来，旅游业的个性化推荐服务正迅速发展，并进入了一个更高的层次。大数据技术使得旅游企业能够深入挖掘每位游客的行为数据，包括他们在移动端产生的传感器数据等。企业不仅能根据这些数据精准预测游客的兴趣爱好和行为倾向，还能够根据这些数据提供更符合游客个性化需求的服务。这种基于大数据的个性化推荐不只限于旅游预订阶段，它贯穿于旅游活动的整个过程。从选择目的地、预订住宿、推荐餐饮到定制游览路线，甚至是活动和娱乐安排，大数据都能够提供有力的支持。这不仅极大地提高了旅游体验的质量，也为旅游业的发展带来了新的机遇。

总之，大数据技术的应用为旅游产业提供了前所未有的个性化服务能力，这无疑是旅游业发展的一个重要里程碑。此外，大数据技术正在推动着旅游营销朝着"精准化"的方向发展，这主要体现在以下三个方面。

第一，大数据背景下，旅游营销市场可实现精准定位。企业可以利用大数据技术，对旅游市场的海量数据进行全面的统计分析，包括从各种渠道收集的数据，如在线预订平台、社交媒体、游客调查和反馈等。通过深入分析这些数据，企业能够清晰地了解市场的整体结构和趋势，从而实现市场的有效细分。细分市场后，大数据技术进一步发挥作用，帮助企业识别出具有高价值的消费群体。这些群体可能基于多种标准被识别和分类，如年龄、收入水平、旅游偏好和消费习惯等。通过深入分析这些群体的特征和行为模式，旅游企业可以更准确地了解目标顾客的需求和期望，从而调整自己的业务策略，包括产品开发、营销信息传递方式和服务提供方式等。这意味着企业不仅能够选择最适合自身的目标市场，而且能提供定制化的产品和服务，以更好地满足特定群体的需求。此外，大数据技术还能帮助企业跟踪市场动态和消费者行为的变化，从而能及时调整市场定位策略，保持与市场变化的同步。例如，如果数据显示某个特定旅游产品或旅游目的地开始获得更广泛的关注，企业可以迅速调整其营销策略，以抓住新的市场机会。

第二，在大数据时代，旅游营销可实现精准推广。这主要得益于大数据技术对旅游消费者行为的深入分析和理解。每当旅游消费者在网上进行搜索、点击、分享、点评或者在旅游目的地进行移动和活动时都会产生大量的数据。这些数据包括结构化数据，如搜索信息和点击率，以及非结构化数据，如评论文本和社交媒体帖子。这些数据不仅记录了消费者的行为模式，而且反映了他们的兴趣和偏好。大数据技术使得营销人员能够收集、整理、分析这些数据，从而构建起旅游消费者的详细画像。这种画像能够揭示消费者的个性化需求，如他们喜欢的目的地类型、活动偏好、预算范围、旅行时间等信息。这些信息对于了解消费者的旅游习惯和偏好至关重要。依据这些分析结果，旅游企业可以精准地推广其产品和服务。例如，如果数据显示某个群体更喜欢海滨度假村，那么营销活动就可以专注于推广相关的旅游产品，如海滩度假套餐、水上运动体验等。这种个性化的推广方式有助于提高营销效率，提升消费者的满意度，因为他们收到的推广内容更贴近他们的实际需求和兴趣。此外，大数据还使得旅游企业能够实时调整推广策略。通过对实时数据的监控，企业可以快速响应市场变化，调整推广活动，使营销策略始终与消费者需求和市场趋势保持一致。

第三，在大数据背景下，旅游营销可实现实时调控。当旅游营销活动启动之后，大数据技术可以对游客的行为进行实时跟踪，不仅可以跟踪游客的在线行为（如搜索、预订和社交媒体互动），还可以跟踪他们在实际旅游过程中的行为模式。通过收集这些数据，营销团队能够及时了解游客的反馈，评估营销活动的效果，捕捉到旅游者的需求变化，从而不断优化营销策略。例如，如果数据显示某个特定的促销活动或广告并没有产生预期的效果，营销团队可以迅速做出调整，如更改广告内容、调整推广渠道或是重新定位目标受众。同样，如果某个目的地或旅游产品突然在消费者中变得流行，企业可以迅速增加对这些热门目的地或产品的推广力度。此外，实时调控还有助于提高旅游消费者的满意度和忠诚度。通过分析游客在旅游过程中的行为和反馈，企业可以更好地了解他们的需求和偏好，从而提供更加个性化和能满足需求的服务。这不仅能够增强游客的满意感，还能提升他们对品牌的忠诚度。

大数据在旅游营销领域中的应用，能够促进销售额的提升，并为管理方式的优化提供支持，进而显著降低营销和管理的成本。此外，精准化的旅游营销策略有助于增强游客的满意感和旅游体验的质量，增强游客对旅游目的地和旅游企业的忠诚度。然而，随着数据量和类型的增加，大数据的复杂性也在增长。因此，在处理大数据时，如何有效地整理、存储和分析这些数据成为旅游企业在进行营销活动时需要解决的重要问题。大数据的深度分析需要强大的计算能力和复杂的算法，以确保信息的准确性和时效性，从而为旅游企业提供有价值的见解。这要求旅游企业在技术和人才方面进行投资，以确保其能够充分利用大数据的潜力，实现营销活动的优化。

三、大数据背景下实施旅游精准化营销策略的基本思路

在大数据背景下，旅游产业正在经历一场由数据驱动的革命，这一点在旅游营销中体现得淋漓尽致，呈现出精准化的发展趋势。在大数据背景下，实施旅游精准化营销策略可通过以下几种途径：

（一）精准预测，定制产品

大数据技术的应用通过对消费者的个人特征、行为习惯和社交网络数据进行深入分析，能够形成旅游消费者画像。这种基于多维数据分析的方法，不仅能精确识别旅游消费者的偏好和兴趣，还能预测其潜在需求。这样，旅游企业就能根据每位消费者的具体特点，定制个性化的旅游产品和服务，并选择消费者偏好的信息传播渠道。例如，通过分析旅游消费者的社交媒体行为，企业可以确定其在社交网络中的地位和影响力，从而设计出更符合其生活方式和需求的旅游体验。同时，大数据能帮助企业确定最佳的广告投放渠道，确保信息能够高效传达给目标群体。在大数据的帮助下，旅游产品的定制和推广不再是静态的，而是动态适应旅游消费者的实时变化，提高了营销的精准度和有效性。

为此，旅游代理商和企业需要将旅游消费者的需求和偏好作为产品设计和服务创新的核心。通过分析大数据，如消费者的搜索历史、购买行为、行程偏好和评价反馈，可以更准确地了解消费者的需求和喜好。这样的分析使企业能够提供更加个性化和符合目标市场需求的旅游产品和服务。由于旅游产品的特殊性，价格策略应灵活并对市场反应敏感。企业需要根据消费者的地理位置、需求程度、社会角色、反馈态度和经济收入等因素实施差异化定价。例如，对于某些热门旅游目的地或在高需求时段，可以适当提高价格；而在需求较低的时段，可以通过优惠促销吸引更多游客。此外，现代消费者获取信息的渠道多种多样，如社交媒体、搜索引擎、旅游评价网站等。企业可以利用大数据技术分析出消

费者最常使用的信息获取渠道，并据此选择最有效的营销和广告推广渠道。例如，如果数据显示消费者更频繁地通过社交媒体寻找旅游灵感，社交媒体广告和影响者营销便可以成为理想的推广手段。

（二）精准推广，吸引旅游消费者

消费者的购买行为受到多种因素的影响，其中包括个人的兴趣、购买能力、个性和学习经历等内部因素，以及社会文化背景、流行趋势和营销策略等外部因素。其购买过程通常分为五个阶段：需求认识，即消费者意识到某种需求或欲望；信息收集，即消费者开始寻找解决需求的方法或产品；方案评估，即消费者比较不同的选择，权衡利弊；做出购买决策，选择一个方案并执行；购后行为，包括产品使用后的满意度评估和可能的反馈或投诉。在旅游营销中应用大数据技术，可以使营销者与消费者之间的互动贯穿于消费者的整个购买过程。从早期的需求认识阶段到后期的购后反馈，营销者都可以通过各种渠道与消费者进行实时直接沟通。这种互动可以帮助营销者更好地了解消费者的需求和偏好，及时调整营销策略，提供更符合消费者期望的产品和服务，从而增加消费者满意度和忠诚度。

从某种程度上看，营销人员可能比旅游消费者本人更了解他们的需求和偏好。通过收集和分析关于旅游消费者的庞大数据集，包括他们的行为、偏好和反应，旅游企业能够揭示出消费者尚未意识到的需求和兴趣点。这种数据收集是持续且动态的。随着新数据的不断累积，企业可以更新并优化它们的分析模型，从而更准确地捕捉到消费者的潜在需求。此外，大数据还赋予了旅游企业预测市场趋势的能力。通过分析整个旅游市场的数据，企业可以预见未来的市场动向和消费者倾向，便于提前调整策略，更有效地满足市场需求。简而言之，大数据能够为旅游产业提供深入洞察消费者行为和市场趋势的手段，从而使企业能够提供更加个性化和精准的推广服务。

在大数据背景下，旅游产业的营销策略变得更加精准和高效。通过分析消费者的行为数据，营销专家可以在任何时间、任何地点捕捉到消费者的动态。这些数据不仅包括消费者的地理位置和时间信息，还包括他们的兴趣、行为模式和响应历史。基于这些分析，旅游企业能够向消费者提供量身定做的产品信息和营销广告。这种个性化的推广手段能够引起消费者的注意，激发他们的兴趣。旅游产品和广告的内容都是经过精心设计的，旨在与消费者的需求和偏好紧密结合。即便这些推广信息没有立即转化为实际的购买行为，也对消费者产生了重要的影响。这些信息不仅能刺激消费者的潜在需求，也有助于影响他们的购买决策。

在当今时代，大数据技术被广泛应用在旅游营销的各个环节中，对游客的旅游行为产生显著影响。旅游者在计划和体验旅游过程中，会通过多种设备，如电脑、平板和手机搜索旅游相关信息。他们会根据其他游客的评价和分享来决定自己的旅游选择。旅游不仅仅是地理上的迁移，更是一种追求新奇体验和精神满足的过程。多数旅游者会在旅途中记录和分享自己的经历，无论是通过文字还是图片，这些分享的内容也成为推广旅游目的地和相关服务的途径。在大数据的背景下，营销者能够通过分析游客在旅游过程中的各种数据（包括游前的信息搜索、游中的实时分享和游后的评价）来更好地了解和预测游客的需求。这些信息可以用来为游客量身定做产品和服务，确保营销信息的持续传达。这样，营销活动不仅在游客的整个旅行过程中发挥作用，还能影响他们的未来决策，取得更为精准和有效的营销效果。

（三）精准追踪，提升服务体验

在传统的旅游营销模式中，重点往往放在吸引新客户和开拓新市场上，却常常忽视保持现有客户的忠诚度和满意度，这导致旅游企业和目的地面临客流量流失的风险。在大数据时代，旅游营销的重点转变为不仅要吸引新的游客，也要深化对现有客户的了解，提升他们的忠诚度和回访率。借助大数据技术，营销人员能够实时跟踪和分析游客在不同阶段的行为和需求，无论他们处于计划旅游、正在体验，还是旅游结束后的阶段。通过分析这些数据，旅游企业可以洞察游客的行为模式，细致地调整和优化服务，确保在游客的整个旅游过程中都能得到贴心的服务。这种全方位、持续的关注和服务能够增强游客的满意度，提升其对旅游品牌的忠诚度，从而在长期内保持稳定的客流和市场份额。

在大数据的背景下，旅游营销转型为更加注重服务质量和游客满意度。与一般的商品营销不同，旅游产品营销的核心在于为游客提供独特的体验和服务。利用大数据技术，营销人员能够实时捕捉和分析游客的社交分享、点评反馈和情感变化，以及他们对旅游目的地或产品的看法和舆论趋势，及时调整和优化营销策略，以更好地符合游客的期望和偏好。这不仅提升了游客的整体体验和满意度，也为未来的营销活动打下基础，增强了品牌的吸引力和市场竞争力。同时，通过持续追踪那些已经流失的旅游消费者，分析他们流失的原因，并据此调整营销策略，旅游企业可以有效地挽回这部分消费者，增强消费者的忠诚度，从而实现持续的业务增长。

四、大数据背景下旅游精准化营销策略的实施建议

（一）提高数据转化能力

在大数据的背景下，旅游产业需要更精准地了解和适应市场的变化。要想在这个数据驱动的环境中脱颖而出，旅游企业必须深入分析和利用现有的数据资源，提升数据转化能力。旅游企业应该从大量的数据中提取出有价值的信息，包括了解旅游消费者的行为模式、偏好和需求。通过对这些数据的细致分析，企业可以更好地识别目标市场，并为这些市场定制合适的营销策略和旅游产品。旅游企业可构建一个或多个社交媒体平台或数字营销渠道，并在这些平台上投入更多的精力和资源。通过

在这些平台上发布有针对性的内容，参与用户互动，运用多种营销手段，提高企业的品牌知名度和市场影响力。此外，旅游企业应避免盲目追求热点或进行无目的的宣传。应根据企业自身的特点和优势，制定有针对性的营销策略，包括根据市场和消费者需求的变化调整旅游产品和服务，以及定期推出新的、有吸引力的营销活动。企业还应该关注旅游景点的潜在价值，积极探索和展示这些景点的独特魅力。这不仅可以吸引更多的游客，还有助于建立旅游企业与旅游目的地之间的深层次联系。旅游企业应利用大数据技术实现价格的动态调整，根据市场需求和季节性变化灵活设定价格。同时，企业应该通过开展公益活动和定期介绍旅游景点的历史和文化，提升客户的转化率和忠诚度。

（二）培养并引进专业人才

旅游产业在运用大数据进行精准营销方面尚处于初级阶段，一些从业人员在大数据技术应用方面能力不足，分析和处理数据的专业人才更是稀缺。为此，旅游企业需要制订和实施有效的人才培养计划，以提升从业人员的数据分析能力。具体来说，旅游企业需要根据自身的实际需求制定完善的人才培养策略，包括为员工提供专业的培训和就业指导，建立全面的评估体系，以确保培训的效果。在培训过程中，应增设与大数据应用相关的课程内容，并通过模拟课堂等方式，培养员工的信息素养和实际操作技能，以造就能够熟练使用大数据技术的复合型人才。此外，旅游企业可以与高等院校和研究机构合作，共同构建人才培养平台。利用高校成熟的教育机制，旅游企业可以参与大数据与旅游管理相关专业人才的培育过程中，同时高校可以利用企业的资源为学生提供更多的实际操作机会。政府也可以在这一过程中发挥作用，提供必要的支持和资源，如邀请行业专家进校授课，定期举办专题讲座等，以确保教学内容与行业最新发展同步。旅游企业、教育机构和政府各尽其职，可以有效培养出具备大数据技术和旅游管理知识的应用型、复合型人才。

第四章 旅游业转型升级的动力——新媒体营销

第一节 新媒体营销的概念、特点与方式

一、新媒体营销的概念

新媒体是在数字技术和互联网的支持下出现的各种现代传播媒介，这些媒介相较于传统媒体（报纸、电视、广播等），具有更强的互动性、即时性和个性化特征。新媒体通常基于数字技术，便于信息的存储、处理和传播，覆盖面广泛，传播速度快。新媒体营销是相关企业运用现代信息技术及电子技术，对网络平台中的相关信息进行收集整理，通过一定的营销平台对自身的产品信息及企业形象进行传播，从而有效提高自身的经济效益。[①]

新媒体营销是新媒体发展到一定程度的必然产物，它主要通过微博、视频平台等新型的传播渠道来实施营销策略。

---

① 李侃.基于"互联网+"时代的新媒体营销策略转型方法[J].中国市场，2019（17）：130-131.

新媒体营销与传统营销方式相比，具有明显的突破和优势。新媒体营销能够提供更精确的数据，如访问来源、时间，以及用户的年龄、地域、生活和消费习惯等。这种精准度远超过传统营销手段，使得营销活动更为有效，同时节约了时间和资源。新媒体营销使得企业能够采用多种营销策略，提供了更多的选择和灵活性。企业可以更有效地收集和分析客户数据，从而有针对性地开展目标客户营销，实现精准推广。此外，新媒体营销能够显著降低营销成本，提高营销效率。与传统媒体相比，新媒体的运营成本相对较低，同时能够快速传播信息，提升品牌知名度。新媒体营销还可以为企业品牌宣传提供更加快速和有效的途径。通过社交媒体营销、内容营销、影响者营销等策略，企业能够在短时间内提升其品牌影响力和市场认可度。

传统营销与新媒体营销的对比如表4-1所示。

表4-1　传统营销与新媒体营销的对比

对比维度	传统营销	新媒体营销
宣传场所	公共场所	任何地点
宣传媒介	图片、文字等	多媒体形式
宣传形式	代理商介绍有限信息	海量信息自主获得
宣传模式	单向问答	交互问答
信息反馈	相对滞后	即时、迅速

二、新媒体营销的特点

随着数字技术的不断进步和互联网用户的激增，新媒体营销的影响力和重要性日益凸显，成为现代企业不可或缺的营销策略之一。具体来看，新媒体营销的特点主要包括以下几点。

（一）目标客户精准定向

在新媒体环境下，消费者的网络行为留下了大量的数据痕迹，如在社交媒体上点赞、分享、评论和搜索习惯等，这些数据成为企业了解和洞察消费者的重要资源。新媒体平台，如微信、微博等不仅是信息传播的渠道，也是收集用户信息和行为习惯的平台。这些平台上的互动记录、发布内容和用户关注点都能够为企业描绘出精确的消费者画像。例如，通过分析用户在社交平台上的讨论话题和互动模式，企业可以了解用户的兴趣偏好、生活方式和购买行为。借助大数据分析技术，企业可以根据用户在网络上的行为和喜好，定制个性化的营销内容和推广策略。例如，针对不同年龄层、兴趣爱好或消费能力的用户群体，企业可以制定不同的营销信息和产品推荐，确保营销信息的相关性和有效性。通过持续监测用户的在线行为和反应，企业能够及时调整营销策略，以更好地适应市场变化和用户需求。新媒体营销利用其独特的数据分析能力和个性化交互方式，使得目标客户精准定向成为可能。

（二）较强的用户互动性

在新媒体环境下，传播过程的互动性被极大地增强，这一变化不仅改变了信息传播的方式，也扩展了营销的边界。在新媒体平台上，消费者不只是被动的信息接收者，而是能够通过网络技术主动参与其中，可以随时随地与企业进行交流，反馈意见，甚至参与产品的设计和改进过程中。这种互动不仅限于企业和消费者之间，消费者与消费者之间也可以相互交流，分享产品体验和使用心得，从而形成强大的网络社区效应。

新媒体营销的互动性还体现在消费者可以根据自己的需求和兴趣选择接受何种营销信息。企业可以通过分析消费者的网络行为和偏好，定制更具吸引力和针对性的营销内容。这种个性化的推送方式更容易引起消费者的共鸣，提高营销效果。此外，新媒体营销还打破了时间和空间的限制。无论是传统的电脑网络用户还是移动端的手机网络用户，都成为企业新媒体营销的目标受众。这使得新媒体营销的受众群体更加广泛，营销影响力更加巨大。消费者可以在任何时间、任何地点接触到企业的营销信息，与营销内容产生互动，进一步扩大了营销内容的传播范围。

（三）公关作用显著增强

新媒体营销中公关作用显著增强，是企业适应数字时代的必然发展趋势。在新媒体时代，企业的公关活动不再局限于传统媒体渠道，而是扩展到了微博、微信等新媒体渠道，这些渠道为企业提供了更为广阔的公关空间和更多样化的互动方式。

新媒体时代的公关不仅关注企业形象的构建和传播，还涉及客户关系管理（Custom Relationship Management, CRM）和企业资源规划（Enterprise Resource Planning, ERP），这些都是企业维护其公共形象和稳定发展的重要组成部分。通过新媒体营销，企业可以更加有效地管理和分析客户数据，更好地理解客户需求和行为，从而提供更精准的服务和更高效的客户体验。同时，新媒体使得企业资源规划更加透明化、高效化。在新媒体时代，企业的公关部门需要与其他部门紧密协作，共同参与新媒体营销的各个环节中。这种跨部门的协同合作不仅能够增强企业对外的一致性和凝聚力，也有助于更有效地利用新媒体的优势，实现营销和公关的深度融合。这种融合让企业能够在新媒体平台上更快速地响应市场变化，及时处理危机，构建积极的企业形象。因此，公关在新媒体营销中的作用显著增强，这不仅是新媒体营销的一个重要特点，更是在信息时代下企业发展和竞争中的一个关键因素。通过有效的新媒体公关策略，企业不仅能够塑造良好的品牌形象，还能在竞争激烈的市场中保持优势，增强与消费者的连接，促进企业的长期发展。

三、新媒体营销的方式

（一）新媒体广告宣传

新媒体广告宣传的核心在于利用新媒体平台的特性来有效地传递企业的品牌形象和产品信息。新媒体广告主要分为硬广告和软广告。硬广告是一种较为直接和明显的广告形式。它通常直截了当地展示产品或品牌信息，不加掩饰地进行宣传。硬广告具有直接性和强制性，要求受众群体直接面对广告内容，如社交媒体上的横幅广告、搜索引擎的付费广告等，它的优势在于能够迅速向大量受众传达信息，但同时也可能由于其直接性而造成一定的受众抗拒。软广告则更注重内容的创造性和感染力。它将广告内容巧妙地融合在吸引人的文字、视频、游戏或移动应用中，以一种较为隐蔽和软性的方式传递信息。其优势在于能够潜移默化地影响受众，使得受众在不知不觉中接收广告信息，从而减少抵触感。例如，通过故事叙述、情感连接或娱乐互动等方式，使广告内容与用户的日常生活密切相关。结合硬广告和软广告的优势，可以发挥新媒体广告宣传的最大效果。硬广告提供直接的信息推送和品牌曝光，软广告则通过更具吸引力和亲和力的内容与受众建立更深层次的联系。在新媒体的多样化平台上，这种结合能够更有效地触达目标受众，提高广告的转化率和品牌的知名度。

（二）社交媒体营销

社交媒体营销主要依托于微博、微信等社交网络平台，其核心在于构建关系网、增强互动性、提高卷入度和加强用户黏性。企业通过社交媒体建立与用户之间的联系，可以直接传递信息，也可以借助用户之间的网络关系扩散影响力。例如，企业可以通过微博、微信等平台与用户直接互动，回应用户的评论和咨询，从而建立起更加亲密和信任的关系。

不同于传统媒体的单向传播，社交媒体平台允许用户参与内容的创建、分享和讨论中，形成双向或多向的互动交流。这种互动不仅增加了内容的吸引力，而且能够更加深入地了解消费者的需求和偏好，从而为企业提供更有针对性的营销策略。另外，社交媒体可通过丰富多样的内容和互动形式吸引用户的注意力，增加用户在平台上的停留时间，提高用户对品牌的认知度和忠诚度。例如，通过发布有趣的内容、组织在线活动或互动竞赛等方式，激发用户的参与热情和分享欲望。

（三）电子杂志营销

电子杂志营销主要针对杂志读者群体，通过数字平台发布电子杂志来推广企业品牌和产品。这种营销方式利用电子杂志的便捷性和互动性，能够有效吸引和维持读者的注意力。电子杂志营销是通过制作专刊或在杂志内嵌入企业广告，利用电子杂志平台的广泛覆盖和高访问量来推广企业品牌。这种方式可以将企业信息直接呈现给目标用户群体，提高品牌曝光度。电子杂志的多媒体展示形式，如结合文字、图片、视频和互动链接等，能够创造丰富多彩的阅读体验，从而吸引更多读者关注。这种形式的灵活性和动态性远超过传统印刷杂志，能够更好地引起读者的兴趣。此外，电子杂志具有虚拟化的特点，可在各种数字设备，如智能手机、平板电脑、数字电视等上阅读，这样的跨平台特性使得杂志能够触及更广泛的读者群体，从而扩大企业营销的影响范围。

例如，某汽车品牌就与某平台合作，创建了专属杂志。这本杂志专门为该品牌设计，其不仅介绍了该品牌的企业背景和最新车型，还包括公司的最新动态以及与时尚车迷生活方式相关的文章。通过结合多媒体元素，这种杂志为读者提供了既具有信息价值又充满时尚感的阅读体验。这类电子杂志营销通常由专门的团队或部门负责策划和编辑，目的是为企业提供一站式的高效营销服务。电子杂志营销的关键在于将企业的广告和品牌信息巧妙地融合进杂志内容中，使之不仅能够有效地传达信息，

还能吸引读者的注意。通过这种方式，企业能够在杂志的受众中有效地传播其广告信息，从而扩大品牌影响力和市场覆盖范围。

（四）影响者营销

影响者营销是通过与具有较大社交媒体影响力的个人或群体合作来推广产品或品牌。这种策略的核心在于利用这些影响者的粉丝基础和信誉来影响潜在客户的购买决策。影响者营销的有效性源自信任和个人关系：人们更倾向于相信那些他们认为可靠和真实的人的推荐。在这种营销策略中，品牌或公司会寻找那些与其产品或服务相关联的，或者与其目标受众相匹配的影响者，可能是知名的博主、社交媒体明星、行业专家或其他有影响力的人物。他们通过分享关于产品或服务的经验、评价或故事，来影响他们的粉丝或关注者。影响者营销不仅仅是简单的产品宣传，还会创造真实、互动的内容，这些内容能够引发受众的共鸣，进而激发其购买兴趣。好的影响者营销应该与影响者的个人风格和受众期望相吻合，从而实现品牌信息的自然融入。此外，影响者营销还具有针对性强、成本效益高的特点。它能够精准地到达特定的市场细分区域，与传统广告相比，更能有效地吸引目标消费者的注意力。随着社交媒体的普及和发展，影响者营销在新媒体营销策略中扮演着越来越重要的角色。

（五）视频营销

视频营销是一种通过视频内容来推广品牌、产品或服务的营销手段。这种方式通过生动的故事叙述和视觉效果来吸引和保持观众的注意。视频营销可以在多个平台上实施，包括电视、网络、社交媒体以及公共场所展示的屏幕。视频营销的优势在于其能够更有效地传递复杂或情感化的信息。视频可以将叙事、图像、音乐和声音相结合，创建出一种引人入胜且容易记住的观看体验。通过讲述故事来展示产品或服务的优势，或者建立与观众的情感联系。随着技术的发展，视频营销已经变得更加容易，且具有较高的成本效益。智能手机、易于使用的编辑软件和各种在线发布平台的出现使得小型企业或个人也能制作和分享高质量的视频内容。

社交媒体的兴起为视频营销提供了更广阔的舞台。YouTube、Facebook、抖音等平台，使企业能够直接触及庞大的观众群体。这些平台往往优先展示视频内容，增加了视频被观看和分享的机会。视频营销还可以是互动的，如通过在线视频直播与观众互动，或在视频中加入可点击的链接，直接引导观众到购买页面或更多信息页面。此外，视频内容还可以通过搜索引擎优化（SEO）来提高在搜索结果中的排名，从而吸引更多流量。

第二节　新媒体技术对旅游业带来的影响

一、新媒体技术影响旅游舆论导向

新媒体具有广泛覆盖和即时传播的特性，它改变了信息流通的方式，使得旅游信息能够迅速传播给广大受众。新媒体为旅游企业提供了一个平台，使它们能够直接与消费者沟通，分享信息，回应疑问，也可以在危急时刻进行舆论引导。这种直接的沟通方式可以实时反馈消费者的需求和反应，从而使企业更有效地进行市场定位和品牌塑造。

旅游舆论的重要性在于，它可以影响消费者的旅游决策，塑造旅游目的地的形象，并且在危急情况下，正确的舆论引导能够有效减少负面影响，维护旅游企业和目的地的声誉。例如，在旅游目的地发生自然灾害或其他负面事件时，及时、透明、积极的沟通可以有效减少游客的担忧，使其恢复信心。新媒体技术可以对旅游舆论产生重大影响的原因主要有两点：一是新媒体的传播速度快，覆盖面广。在移动互联网时代，信息的传播速度极快，一个热门话题可以在几小时内传遍网络。这种传播速度使得旅游企业可以迅速传播其品牌信息，塑造品牌形象，引导公众对旅游目的地的认知和态度。二是新媒体的互动性强，可以实现双向沟通。旅游企业可以通过新媒体平台收集消费者的反馈，了解他们的需求和期望，同时可以通过发布吸引人的内容，引起消费者的兴趣和讨论，进一步引导舆论。这种双向沟通机制让旅游企业能够更加精准地把握市场动向，及时调整营销策略。

因此，旅游企业需要制定一套全面的新媒体营销策略，包括内容的策划、发布以及与消费者的互动。例如，通过发布高质量的内容，如旅游目的地的美景图片、有趣的旅游故事、用户的真实体验等，来吸引消费者的注意，提高其参与度，从而在用户中形成正面的口碑效应。旅游企业也应该充分利用新媒体平台的数据分析功能，深入了解消费者的喜好和行为模式。这可以通过分析用户在社交媒体上的评论、分享和点赞等来实现。了解消费者的喜好后，企业可以有针对性地制定营销内容，更精准地引导舆论。值得注意的是，新媒体营销还应该注重实时性和透明性。旅游企业应该及时响应消费者的评论和反馈，特别是在面临负面舆论时，应该及时发布官方声明，澄清事实，减少误解和猜疑。此外，也可以通过新媒体平台进行直播活动，如实时直播旅游目的地的实况，让消费者了解旅游目的地的真实情况，增强信任感。

二、新媒体技术推动旅游品牌 IP 的构建

"IP"是"知识产权"（Intellectual Property）的缩写，知识产权是智力劳动产生的成果所有权，是依照各国法律赋予符合条件的著作者、发明者或成果拥有者在一定期限内享有的独占权利。知识产权主要包括著作权、专利权和商标权三种类型，都具有独特性、专有性和延展性。随着商业资本的不断涌入，知识产权的商业价值正在被深度挖掘。迪士尼是擅长运用 IP 的高手，IP 在迪士尼的文娱全产业链中发挥了重要作用，

为迪士尼带来了持续的利润。因此，在商业领域，IP更多是指与某个特定的知名人物、品牌、角色或创意作品相关联的知识产权，可以用于营销和推广的目的。

IP具有四个显著特征：第一，专属权利。IP是通过完整的法律程序，最终获得法律认可和保护的知识产权，具有专属性和排他性的特点。IP的拥有者拥有IP的所有权和收益权。这意味着，他们可以在法律允许的范围内，对IP进行使用、授权、转让等操作，从而获取经济利益。第二，高附加值。由于IP的形成需要一个漫长的智力创作和严格的申报确认过程，IP总体上是稀缺的。在市场经济条件下，物以稀为贵，因而IP拥有更高的附加值，IP产品可以获得比普通产品更高的溢价。这也是IP产品往往能吸引更多的消费者的原因。它们不仅具有实用价值，还具有收藏价值。第三，人格魅力。IP是创始人理想情怀和人格魅力的体现，它有温度、有情怀、有理想。品牌形象通常是平面化的，由口号、logo等组成，体现了商业的理性与严谨，而IP形象通常是拟人化的，有立体（动漫）形象、性格、情感等，体现了人格化魅力。这种人格化魅力使得IP更具有亲近感，更易引起消费者的情感共鸣。第四，自带粉丝。由于IP独有的品牌属性和优异的品质保证，IP产品往往一面世就吸引了大批消费者，产生了一批稳定的IP追随者。这批IP追随者在互联网时代被称为"粉丝"，他们会紧紧追随IP的发展步伐，IP到哪里，"粉丝"就跟到哪里。这种粉丝效应使得IP具有更强的市场影响力和更广泛的受众群体。

针对品牌，IP化是一种全新的工具或方法论，用于品牌的创建和塑造。当品牌为自己塑造出独特的个性，通过有价值的内容与用户进行持续的互动，并逐渐获得更多用户的喜爱和追求时，品牌就成功地转化为IP。尽管并非所有的品牌都能成为IP，但品牌却有潜力被打造成为IP，因此，IP可以被视为品牌发展的最高阶段。IP可以涵盖任何内容或事物，如一种价值观或一种人格，其最终目标是在不同形态、不同时代和不同行业中追求价值和文化的认同。相比之下，品牌始终依赖于某种具体的

产品或服务，并在此基础上阐述自己的理念、故事和内涵，以引起消费者的情感共鸣和认同，其最终目标是实现销售转化。从这个角度来看，品牌可以被视为 IP 的一个组成部分。

品牌建设的起点是思考如何通过更优秀、更具差异化的产品来满足消费者的期望和利益需求，这始终无法脱离对产品利益属性的关注。尽管在传播中这可能不是主要信息，但产品的利益属性和品牌的情感导向必须相一致，否则就无法成功塑造清晰的品牌形象。然而，在创建 IP 时，需要将人物特征（人设、三观、形象、时代背景等）融入其中，这是品牌需要努力追求的方向。

当今品牌所面临的挑战愈发严峻：媒体环境日益碎片化，消费场景趋于多元化，单次营销活动的独立性，导致其效果不尽如人意。非原创性的策略在市场上难以产生深远影响，也难以打造出令人满意的传播效果。与此同时，我国已步入消费者主权时代，消费者可以根据个人喜好选择信息和内容进行消费，因此品牌方面临着以内容吸引消费者的压力。另外，流量成本逐渐攀升，使得 IP 成为争抢流量的有效手段。在 IP 时代，品牌若能占据一个 IP，便相当于获得一个稳定的消费入口，它可以持续为品牌输送流量。在线上和线下流量变得越来越稀缺且昂贵的背景下，IP 对于品牌的重要性不言而喻。通过 IP，品牌能够获得持久的关注度和影响力，进而提高品牌知名度和美誉度，为品牌带来更广泛的认可。因此，在当前的市场环境下，品牌需要寻求与 IP 的合作，以实现在竞争激烈的市场中突破和发展。

具体到旅游业，旅游 IP 是指具有知识产权、高附加值，且受到游客普遍认可的旅游产品或服务。美国的迪士尼乐园、英国的杜莎夫人蜡像馆、日本的熊本熊，以及我国的长隆旅游度假区、常州恐龙园、帐篷客野奢度假酒店等，都是旅游 IP 的典型例子。旅游 IP 是旅游业从产品时代转向品牌时代的必然结果，也是旅游供给侧结构性改革和旅游企业提升发展的关键路径。旅游品牌 IP 的呈现、产品化以及销售，是提升旅游收入和推广旅游目的地形象的关键途径。实现旅游品牌IP化的过程包含以下几个关键因素。

一是定位。其代表了战略和方向，核心在于建立差异化竞争，使自己独具特色，吸引关注。定位不仅是旅游品牌IP的起始点，也是后续所有环节的引导。定位的准确与否将直接影响IP的成败，一个好的定位是IP成功的一半。为旅游品牌IP进行定位是一项系统工程，需要恰当地继承旅游品牌的基因，深刻了解目标用户群体，敏锐洞察时代趋势和流行文化，同时准确评估竞争对手。在此基础上，找到空白点和差异点，实现战略定位。

一般情况下，定位往往是通过旅游项目的主题来呈现的。旅游IP的构建方式，通常是先提出一个项目的名字，然后通过简单、直接、感性的方式向人们进行推荐。在推荐语中，最想要传达给人们的信息往往就是该项目的主题。例如，常州恐龙园的主题就是恐龙；春秋淹城的主题是春秋；东部华侨城的主题是山地；欢乐谷的主题是欢乐等。这些主题都是经过经营、提升或者转化的，是创造的一部分。例如，迪士尼的主题原本是动漫王国，但已经被品牌化，成为其代名词。只要能够达到代名词的程度，就可以顺利地转化为各种形式，但这也需要强大的IP创造力和现代商业的推动。

二是人格。这可以说是旅游品牌IP的灵魂和核心DNA，也是IP内容创作和互动的源泉。人格化可以使旅游品牌IP具有强烈的感染力、话题性和潜在能量。这种能量潜伏在旅游品牌IP中，一旦被激发就能瞬间引爆。人格的感染力有多大，IP的影响力就有多大。如果没有人格化的感染力，即使投入大量的资金进行运营和推广，也无法取得预期效果。

三是形象，是IP人格的视觉化表现。形象设计使得IP更加具体化和生动化，更易被消费者接受。从心智认知的角度来看，视觉形象或符号更容易引发情感共鸣。当人们提及某个旅游景区时，首先映入脑海的往往是一个具体的形象。以迪士尼为例，其成功的旅游IP形象不仅包括米老鼠、唐老鸭等，还有白雪公主、城堡等，这些形象都已经童话化，形成了迪士尼独特的附属形象。另一个例子是日本熊本县的熊本熊，整个县的旅游业就是依靠这个原创形象发展起来的，而这个形象本身也创造了巨大的经济价值。这些都充分展示了形象的巨大价值，甚至可以单独作为一个旅游吸引物。

要成功打造一个知名的IP品牌，关键在于精心运营，其核心即内容创作和与用户的互动。首先，需要围绕IP的特性和形象创造引人入胜的内容。其次，要建立一个平台，让粉丝能够参与互动，并通过这种互动共同创造有意义的体验。如果只是单方面的内容输出，将无法深度吸引粉丝参与。粉丝的参与不仅促进了内容的共创，还增强了他们的参与感和归属感，对于提高他们的忠诚度和对品牌的黏性极为有益。持续的互动和参与是确保IP影响力长久且充满活力的关键。通过持续有效的IP运营，可以逐步积累并扩大粉丝基础，从而为旅游品牌的资产带来持续的增值，最终成为一个超级IP。

当旅游品牌的IP运作成功之后，可以考虑通过跨界合作、推出相关的衍生产品和服务来进一步提升其价值。在IP运营领域，商业衍生是一个关键话题，但往往被忽视。在全球范围内，IP的商业衍生已成为其主要收入来源，特别是在地产衍生的体验式主题公园（如迪士尼和环球影城）方面。这表明，多元化的商业策略，可以最大化地提升一个旅游品牌IP的价值。

在数字化时代，新媒体不仅是信息传播的渠道，更是品牌建立和维护与消费者关系的关键工具。新媒体营销通过微博、微信、视频平台等多样的形式，可以为旅游品牌IP提供展示其独特性和吸引潜在客户的平台。这些平台允许品牌以创意和互动的方式传达其价值观和个性，使品牌故事更具吸引力和传播力。例如，通过在社交媒体上分享引人入胜的旅游目的地故事、客户体验和高质量的视觉内容，旅游品牌可以增强其IP的识别度和吸引力。在新媒体营销中，内容的创意和质量是关键。旅游品牌可以通过讲述引人入胜的故事、展示独特的文化元素和自然美景，来吸引和保持观众的注意。例如，使用吸引人的视觉内容和引人思考的叙述可以使旅游目的地的故事生动起来，进而加强观众与品牌之间的情感联系。这种情感联系对于建立品牌忠诚度和推动口碑传播至关重要。在打造旅游品牌IP的过程中，新媒体还能够提供与目标受众互动的机会。通过参与评论、回复询问和创建互动内容，如在线投票或挑战赛，旅游品牌可以与受众建立更直接的联系。这种互动不仅增加了用户参与度，还提供了宝贵的反馈，帮助品牌更好地了解其受众，并根据这些信息优化其营销策略和产品服务。此外，利用新媒体的数据分析工具也是构建旅游品牌IP的一个重要方面。通过分析社交媒体互动、用户行为和内容表现，旅游品牌可以获得关于受众的深刻洞察，如偏好、行为习惯和反应模式。这些信息有助于品牌更精准地定位其营销活动，确保信息传达给最相关和感兴趣的受众群体。新媒体技术对于通过故事叙述和内容创造来塑造旅游品牌IP的人格和形象具有明显的推动作用。通过一致且吸引人的叙述和视觉风格，旅游企业可以建立一个独特而引人入胜的品牌形象，这有助于企业在竞争激烈的市场中脱颖而出。这些故事和内容反映了品牌的核心价值和特色，还能够与观众产生共鸣，从而加深他们对品牌的理解和记忆。因此，通过有效利用新媒体的优势，旅游企业或旅游目的地可以建立强有力的品牌形象，吸引并保持顾客的注意，进而在市场中取得成功。

三、新媒体技术拓宽旅游信息传播渠道

随着科学技术的进步，新媒体改变了旅游信息的获取和分享方式。内容创造和信息渠道的创新使用成为吸引和维持受众关注的关键。

在新媒体环境下，优质的内容能够吸引受众的眼球，激发他们的兴趣和好奇心。对于旅游业而言，这意味着需要创造既富有信息价值又具有娱乐性的内容。例如，通过分享美丽的景点照片、引人入胜的旅行故

事或提供实用的旅行建议，旅游品牌可以吸引潜在游客的注意，并激发他们的旅游兴趣。然而，仅有优秀的内容还不足以保证成功，信息渠道的多样化同样重要。新媒体提供了多种渠道，如社交媒体平台、视频网站和在线社区，每个渠道都有其独特的受众群体和互动方式。通过在多个渠道上发布内容，旅游品牌可以触及更广泛的受众，实现更有效的信息传播。

多样化的信息传播渠道可以实现更加个性化的营销策略。例如，通过分析社交媒体上的用户行为和偏好，旅游品牌可以定制更符合特定受众兴趣的内容，提高营销效果。同时，新媒体平台上的互动性内容，如评论、分享和点赞等，为旅游企业提供了即时反馈，帮助它们更好地了解受众的需求和反应。视频内容在新媒体营销中发挥着越来越重要的作用。旅游企业可以利用 YouTube 和 TikTok 等视频平台，通过生动的视觉故事讲述来展示旅游目的地的魅力，这种直观的方式对于激发受众的旅游愿望尤为有效。通过视频，旅游目的地和体验可以以更加生动的方式呈现给潜在游客。在新媒体背景下，另一个重要的新媒体营销工具是影响者营销。通过与旅游博主、社交媒体名人和其他有影响力的人物合作，旅游品牌可以利用这些影响者的粉丝基础来扩大其受众范围。这种合作通常涉及影响者分享其在特定旅游目的地的经历，其真实性和亲身体验比传统广告更能打动受众。此外，新媒体也可以为旅游业提供实时营销的机会。例如，在特定事件或热门话题发生时，旅游品牌可以迅速地通过社交媒体参与讨论，提高品牌的可见度和相关性。这种灵活性和时效性是传统媒体无法比拟的，为旅游业带来前所未有的发展机遇。

四、新媒体技术助推旅游智慧化管理和消费

新媒体平台，如景区官网和微信公众号，可以为游客提供前所未有的便利。通过这些平台，游客在家中就能了解景区的美景，轻松规划旅游行程。这些平台提供的详尽信息不仅包括景点介绍，还涵盖了交通指

南、预订流程、天气情况等实用信息，极大地简化了旅游计划的制订过程。在旅游目的地，智慧化设计的应用更是无处不在。智慧停车系统可以帮助游客快速找到停车位，智能信息屏提供实时信息和导航，而智慧手环等可穿戴设备可以作为门票、支付工具甚至是个人导游。这些智慧化的元素大大提升了游客的体验，使他们能够更加轻松自在地享受旅游。在消费支付方面，新媒体技术的应用使得整个过程变得更加便捷流畅。移动支付的普及意味着游客可以轻松快捷地在餐馆、酒店或景点支付费用。通过手机或其他智能设备，游客可以避免排队等候的不便，实现快速结账。这种支付方式不仅有利于节省游客的时间，还能够提升整体旅游体验的愉悦度。

新媒体可以为旅游企业提供大量的数据，这对智慧化管理至关重要。通过分析来自社交媒体、网站和移动应用的数据，旅游企业可以更好地了解游客的偏好、行为模式和需求。这些信息可以帮助企业优化服务，改进设施，甚至定制个性化的旅游产品和服务，从而提升游客的满意度和忠诚度。除此之外，新媒体还为旅游企业提供了实时沟通的渠道。通过社交媒体和即时通信工具，旅游企业可以快速响应游客的咨询和反馈，及时解决问题，从而提升服务质量。这种即时互动不仅增强了游客对品牌的好感，也提升了他们对旅游体验的整体评价。

五、新媒体技术驱动文旅产业共享共创

在新媒体的背景下，通过社交媒体的互动功能，游客和参与者可以分享他们的旅行体验和文化感悟。这些个人故事和经验的分享不仅丰富了内容的多样性，也激发了其他人对旅游和文化活动的兴趣。此外，用户生成内容（User Generated Content，UGC）成为新媒体营销的重要组成部分，它鼓励普通用户参与内容创造，形成了一种新的内容生产模式，在很大程度上促进了共创文化的形成。通过新媒体平台，不同的文旅机构、企业甚至个人可以更容易地发现合作伙伴，共同开发新的旅游产品

或文化活动。这种合作不仅是资源的共享，更是创意和经验的共创。例如，旅游目的地可以与文化艺术机构合作，通过新媒体共同推广旅游和文化活动，吸引更多的参与者和游客。

在新媒体的推动下，文旅产业的边界也在扩展。文旅领域正在与科技、娱乐、教育等其他领域融合，形成跨界的新型产品。这种跨界不仅体现了资源的共享，也展示了跨领域创新的可能，为文旅产业带来了新的增长点。

第三节　旅游目的地新媒体营销运作模式与策略

旅游目的地新媒体营销，是相对于传统意义上的目的地营销提出的，主要是指基于网络信息技术，利用新媒体作为营销载体而开展的目的地营销活动。[①] 在旅游目的地的新媒体营销策略中，旅游者的角色不仅限于信息的接收者，他们也成为信息的创造者。这种策略将传统的单向信息传播转变为具有更强互动性的双向沟通，显著增强了信息传播的效率、深入性，扩大了信息覆盖范围。

一、旅游目的地新媒体营销系统

在旅游目的地新媒体营销中，营销主体、营销客体、营销模式、营销渠道、营销效果评估等都具有其各自的特点，它们共同构成了一个完整的新媒体营销生态。

（一）营销主体

营销主体通常指的是在营销活动中扮演主导角色的个人、组织或实体。这些主体负责制定和实施营销策略，以推广产品、服务或品牌，目

---

① 李宏.旅游目的地新媒体营销：策略、方法与案例[M].北京：旅游教育出版社，2014：15.

的是吸引潜在客户，增加销售，提升品牌知名度和市场份额。

在旅游目的地的新媒体营销活动中，国家和地方旅游组织扮演着主要的营销主体角色，可以利用新媒体平台来推广旅游目的地，吸引游客，并加强旅游产业的整体发展。国家旅游组织的营销活动不仅面向国内旅游者，也可以针对国际市场。通过与不同国家的旅游机构、旅游批发商和经销商合作，国家旅游组织可强化本国作为旅游目的地的吸引力。此外，它们还可以直接向外国的独立旅行者进行营销，这通常通过新媒体平台实现，如社交媒体、在线广告和电子邮件等。国家旅游组织的这种营销策略有助于扩大国际市场的覆盖范围，增加来自不同国家和地区的游客数量。与国家旅游组织相比，地方旅游组织的营销策略有所不同，但它们的目标也是推广特定地区作为旅游目的地。地方旅游组织可以强调该地区的独特文化、自然景观和旅游资源，以区别于其他旅游目的地。

在新媒体时代，国家与地方旅游组织之间的关系并没有根本改变，但它们的互动方式可以得到加强。新媒体提供的平台，如互联网和移动媒体，可以增强国家旅游组织对地方旅游组织的监督和支持，促进不同地方旅游组织之间的协作和互动。新媒体技术的另一个显著优势是，缩短时间和空间上的距离，本国旅游组织可以更频繁、更直接地与客源国的潜在游客进行互动。这种直接沟通方式使得营销活动更加个性化和有针对性，提升其效果和效率。

（二）营销客体

在新媒体环境下，旅游目的地营销的客体即营销的受众，呈现出显著的变化。新媒体的用户群体广泛，包括互联网和移动设备，如智能手机、平板电脑等的使用者。在新媒体环境中，营销的客体不再是一个泛泛的、不特定的群体，而是转变为该群体中的个体。

在旅游目的地新媒体营销中，新媒体提供的是一个双向交流的平台，用户不仅是信息的接收者，还可以是内容的创造者和反馈者。这种互动性使得旅游目的地的营销更加动态，参与性更强。新媒体受众范围广泛，几乎所有接触网络的人都有可能成为潜在的旅游消费者。这种广泛的覆盖范围为旅游目的地提供了一个庞大的潜在受众群体。在这个多元化的用户环境中，创造与众多用户产生共鸣的内容和广告，可以有效地促进口碑传播和病毒式营销，从而扩大旅游目的地的知名度和吸引力。新媒体的一个显著特点是具有强大的互动性，这一点在旅游目的地的营销中尤为突出。与传统媒体的单向传播方式不同，新媒体实现了旅游目的地与消费者之间的双向交流。这种互动性使得旅游目的地能够与消费者建立直接的联系，进行更深入的一对一交流。这种双向的交流模式为旅游目的地提供了宝贵的反馈，使其能够根据消费者的反馈及时调整营销策略和产品服务。例如，基于消费者在社交媒体上的评论或通过在线调查收集的反馈，旅游目的地可以优化其服务，以更好地满足消费者的期望和需求。同时，利用新媒体平台的后台数据和数据分析技术，旅游目的地能够深入了解消费者的潜在需求和行为模式。这种数据分析为旅游目的地提供了精准定位消费者的机会，使其能够通过数字营销策略更有效地满足消费者的个性化和细分化需求，更有效地吸引目标消费者群体，从而在竞争激烈的市场中脱颖而出。

（三）营销模式

1.官方运营新媒体平台

为充分利用新媒体在旅游营销中的优势，许多旅游目的地已经采取了在各大新媒体平台设立官方账号的营销模式。通过建立专门的营销运营团队，这些官方账号能够创作和发布与旅游目的地相关的短视频，展示旅游目的地的美丽景观和独特文化，并以生动、直观的方式传递旅游信息。除了视频内容，旅游目的地的官方账号也可以发布文章和其他形式的内容，以提升用户对旅游目的地的认识和兴趣。由于这些账号具有官方性质，它们通常被视为更加权威和可信的信息来源。当这些官方账号发布促销活动或特别优惠时，消费者更有可能受到吸引，并产生消费意愿。

新媒体平台的实时发布和分享功能，使得消费者能够参与旅游目的地的营销传播中。游客可以通过分享个人体验和短视频，将自己的旅行故事转化为旅游目的地的实时广告。这种用户生成的内容有助于扩大官方宣传的影响力，增加营销内容的真实性和可信度。此外，旅游目的地可以通过分析从新媒体平台收集到的消费者互动数据来了解游客的偏好，有助于更精准地开发旅游产品，满足不同游客的需求。通过对这些数据的分析和应用，旅游目的地能够增强自身的吸引力，并提升在竞争日益激烈的旅游市场中的影响力。

2. 与新媒体平台合作

在新媒体营销中，旅游目的地可以通过与新媒体平台的合作来推广其旅游资源和服务。这种合作模式通常涉及与流行的短视频平台等建立合作关系，以利用这些平台的广泛受众和影响力。例如，旅游目的地的管理机构可以与短视频平台签订合作协议，利用平台的专业营销团队来研究用户行为和偏好。这种专业的分析可帮助旅游目的地深入了解潜在游客的特点，预测他们的需求，从而实现与目标消费者的有效匹配。借助短视频平台的影响力和广泛的用户基础，旅游目的地可以精准地向目标群体推送营销信息，有效提高营销效果。

此外，通过与短视频平台的合作，旅游目的地能够利用平台的强大传播能力来最大化营销活动的效益。西安市旅游发展委员会与抖音短视频平台的战略合作就是一个成功案例。在这种合作下，西安市发起了旨在打造城市形象的营销活动，通过抖音平台鼓励用户到大雁塔等著名景点进行"打卡"，从而激发了大量用户对这些景点的兴趣和访问欲望。这种与新媒体平台的合作模式可以为旅游目的地带来广泛的关注和访问量，也可以为新媒体平台带来内容和流量，实现了双方的共赢。通过这样的合作，旅游目的地能够有效地利用新媒体的力量来提升自己的吸引力和知名度，并为游客提供更为丰富的旅游体验和信息。

3. 与新媒体平台中旅游网红的合作

在新媒体环境中，旅游目的地营销的另一种模式是与平台上的旅游相关有影响力的人或网红进行合作。这些人通常拥有大量因共同的旅游兴趣而聚集的粉丝。通过与这些有影响力的人物合作，旅游目的地可以利用他们的粉丝基础和社交影响力来推广自己。这种合作模式通常包括邀请这些网络红人到旅游目的地进行"打卡"、撰写游记或分享旅游攻略。这些活动不仅能够吸引他们的粉丝群体，还能通过口碑传播吸引更多潜在游客。当这些网红在社交媒体上分享他们的旅行体验时，他们的粉丝会因为对旅游内容感兴趣而关注，从而实现粉丝向旅游消费者的转化。通过这种方式，旅游目的地可以更加有效地触及目标受众，尤其是那些对旅游内容感兴趣的年轻群体。网红的推荐具有一定的说服力，因为他们的粉丝通常信任他们的建议和评价。这种信任感使得通过网红进行的营销活动更加有效，能够提高营销信息的可信度，增加旅游目的地的吸引力。

（四）营销渠道

营销渠道指的是企业或组织传递其营销信息、推广产品或服务到目标消费者手中的路径或媒介。这些渠道是营销策略的关键组成部分，因为它们直接影响到营销信息的覆盖范围、传达效率和最终的销售成效。随着技术的发展和消费者行为的变化，旅游营销渠道也在不断地演变和创新。

新媒体以基于 Web 2.0 的互联网技术和各类移动传媒设备为基础，正在逐渐成为旅游目的地营销的核心渠道。Web 2.0 技术主要指的是使网站变得更加互动和用户友好的一系列技术和应用，包括社交网络服务网站（如 Facebook、Instagram、Twitter）、视频分享平台（如 YouTube）以及各种在线社区等。在这些平台上，用户不只是内容的接受者，还可以成为内容的创造者，这在很大程度上提高了信息传播的广度和深度。

随着智能手机和平板电脑等移动设备的普及，移动媒体成为新媒体营销中不可或缺的一部分。这些设备的便携性和多功能性使得用户可以随时随地接收和分享信息。对于旅游目的地而言，这意味着能够通过移动应用程序、移动优化的网站和即时通信工具等手段直接与潜在游客进行互动。

近些年，旅游目的地新媒体营销渠道主要包括以下几种。

1.社交类平台

在社交类平台上，用户可以创建个人资料、分享内容（如文字、图片、视频）、与他人互动（如评论、点赞、转发）以及建立和维护社交关系。

社交类平台具有实时信息共享的特性。以微博为例，该平台因能够迅速传播信息、低成本运作和高效果的特点而受到旅游目的地的青睐。通过官方微博账号和影响力大的微博用户（即微博大V），旅游目的地能够向广大网民传播目的地信息，吸引潜在游客的注意。微博的营销策略强调实时性和广泛的覆盖范围，使其成为推广旅游目的地的有效工具。

微信作为另一种流行的社交媒体平台，凭借其庞大的用户基数和移动支付功能，成为旅游目的地营销的另一个重要渠道，为旅游目的地提供了与用户进行更直接交流的平台。通过微信公众号，旅游目的地可以定期向订阅用户推送个性化的营销信息，如特色活动、优惠信息和旅游攻略等，有助于增强用户的参与感，使得营销活动更加精准有效。

2.网络社区

网络社区也被称为在线社区或虚拟社区，是指通过互联网连接起来的一群具有相同或相似兴趣、目标或背景的人。这些社区通常建立在各种网络平台上，如社交媒体网站、聊天室和专门的社区软件上。网络社区可以是非常广泛和开放的，如以特定主题为中心的大型交流平台，也可以是非常专门和私密的，如特定兴趣或专业小组。这些社区为人们提供了一个不受地理限制的交流和合作空间，使得距离遥远的人们可以围绕共同的兴趣和目标相聚一堂。

网络社区在提供旅行信息和攻略方面具有独特的优势。以马蜂窝为例，该网络社区为广大旅行爱好者提供了一个分享和探索旅行经验的平台。用户在马蜂窝上以游记的形式分享自己的旅行故事、路线规划和实用攻略，使其成为寻找旅游灵感和实用信息的理想之地。随着智能手机摄影技术的进步，即便没有专业的摄影设备，普通用户也能够拍摄高质量的照片和视频，这极大地提高了分享内容的吸引力和参考价值。另外，小红书作为近年来迅速崛起的网络社区，已经成为年轻一代制定旅行攻略的热门选择。用户在小红书上通过文字、图片、视频分享他们的旅行经历和生活点滴。这个平台的独特之处在于它的社交互动特性，尤其是"种草拔草"的消费推荐行为，这不仅有助于促进用户间的互动，也使得内容的分享更具有影响力和说服力。在这些网络社区中，旅游目的地和相关企业可以通过与用户互动、分享高质量的内容或利用平台的广告服务来提升自己的知名度和吸引力。这些社区不仅提供了丰富的旅游信息和用户体验，还为旅游目的地提供了一个直接与潜在游客互动和了解他们需求的机会。通过这种方式，旅游目的地能够更有效地吸引游客，同时提供更符合游客期望的服务和体验。

3. 旅游电子商务网站

旅游电子商务网站是指专门提供旅游相关服务和产品的在线平台。这类网站使消费者能够通过互联网预订旅游相关的服务，如机票、酒店住宿、租车服务、旅行保险、旅游套餐以及其他相关的活动和体验。例如，飞猪旅行、携程网和去哪儿网等都是在线旅游服务平台。这些网站的主要职能是为用户提供在线旅游咨询和旅游产品的预售服务，因其丰富的供应链资源和渠道优势而备受欢迎。这些旅游电子商务网站提供的服务范围广泛，并通过大量优惠活动吸引顾客，如低价折扣、特价套餐和限时促销等，覆盖了从住宿到游览的各个方面。此外，这些平台通过提供详尽的旅游目的地信息、用户评价和旅游攻略等内容，为用户规划旅行提供了极大的便利。

在新媒体背景下，各种旅游电子商务网站成为旅游目的地进行新媒体营销的重要渠道。通过与这些网站合作，旅游目的地可以更有效地触及广大潜在游客，提升自身的知名度和吸引力。这种合作通常包括在平台上展示旅游目的地广告、提供特色旅游产品和服务，以及在用户搜索结果中获得更高的曝光率。

4. 短视频

在当今碎片化的信息时代，以抖音和快手为代表的短视频平台已成为年轻人的热门选择。短视频内容以其易于制作、发布简单和门槛较低的特点，吸引了大量创作者。相较于文字和图片，视频内容提供了更加丰富和立体的视觉体验，使其在信息传播中具有更高的价值。短视频平台的传播机制带动了巨大的流量和用户参与度。优质、新颖的内容不仅能够吸引用户的注意，还能激发其对旅游目的地的兴趣。此外，这些平台通过不断推送相似内容，形成了一种强有力的营销策略。这种策略不仅增加了内容的曝光率，而且在潜移默化中影响着用户的旅游选择和决策。因此，短视频已成为旅游目的地实现营销目标的有效工具。通过在短视频平台上分享引人入胜的旅游视频，旅游目的地可以更直观地展示其魅力，增强其品牌吸引力，提升在旅游市场中的竞争力，从而吸引更多潜在游客。

5. 直播平台

直播平台在旅游领域的应用已成为新兴的经济模式，特别是在旅游直播和直播带货方面。与传统的娱乐性质直播相比，户外旅游直播因其现场感和互动性，受到越来越多观众的欢迎。在国内的许多景区常可以见到主播手持手机，为在线观众直播景点风光并介绍相关信息。

在经济复苏的浪潮下，直播经济作为"互联网+"的一种方式逐渐发展壮大。旅游企业迅速捕捉到直播带货的商业潜力，纷纷加入直播热潮，将旅游直播作为推广和预售产品的新渠道。旅游直播通过在线旅游平台的强大交易功能，有效地缩短了消费者的旅游决策周期，并有助于提前锁定出游需求。这种直观和互动的营销方式使直播成为提高旅游产品销售和营销转化的有效工具。

（五）营销效果评估

在完成旅游营销活动之后，旅游目的地可以利用第三方的广告监测系统来获取和分析营销效果的关键数据，包括展示次数（Impressions）、点击次数（Clicks）、点击率（Click-through Rate）等。如果建立了用户数据库，还可以获取更详尽的用户信息。基于这些数据，旅游目的地可以计算出此次营销活动的按千次曝光计费（Cost Per Thousand Impressions，CPM）、按单次点击计费（Cost Per Click，CPC）及按某个指定行动计费（Cost Per Action，CPA），从而明确营销活动的成本效益，使营销团队能够更准确地评估其投入产出比。

评估营销活动的效果是一个在所有媒体领域都颇具挑战性的问题，单纯依靠展示量、点击量和点击率等基本指标来评估营销成效可能过于简化。实际上，用户点击行为受到多种因素的影响，包括创意表现的新颖性、内容的吸引力、对产品的兴趣、活动的奖品及产品代言人等。因此，在评估营销活动效果时需要综合考虑这些因素。除了基础的数据分析，还应深入了解用户行为背后的动机和情境。

随着网络广告技术的发展，品牌传播的可评估性成为研究的焦点之一。现代网络广告技术，如利用营销活动到达点（Cookie）记录用户对营销活动的接触情况，为评估广告效果提供了新的手段。通过这种技术，可以收集参与网络活动的用户信息。在营销活动结束后，通过将用户分为实验组（即那些看过广告的用户）和对照组（即那些未看过广告的用户），可以更精确地衡量广告对品牌认知度的影响。通过对这两组人进行问卷调查，可以评估广告观看经历对于用户品牌意识、态度和可能的购买行为的影响。这种方法能够提供关于广告对品牌提升度的直接证据，帮助品牌了解其广告活动的实际效果，并指导未来的广告策略。这种基于数据的方法不仅增强了品牌营销活动的透明度，也提高了其效果评估的准确性，从而优化其营销策略。

一般来看，营销效果评估的方法主要包括以下两种。

1.单一指标法

这种方法是基于旅游目的地设定的具体目标，选择单个相关指标来衡量营销效果。例如，如果营销目标是提升品牌形象，则可能会选择浏览量、访问量和用户在网站的停留时间等指标来进行评估。如果营销目标是实现直接的收入增加，则会关注转化次数、转化率、广告收入和广告成本等指标。单一指标法的优势在于简单明了，能够针对特定的营销目标提供直接的评估结果，帮助旅游目的地快速了解特定方面的表现。这种方法在实际操作中易于应用，可为旅游目的地提供明确的反馈，帮助它们优化未来的营销策略。

2.综合指标法

综合指标法作为一种效果评估方法，提供了全面衡量广告效果的手段。这种方法不是考虑单一指标，而是结合多个指标来评估广告的综合效能。具体来说，综合指标法包括两种评估方法：第一，传播效能评估法。这种方法主要关注新媒体营销对品牌形象和产品销售潜力的长期影响。新媒体营销的传播效能反映了营销信息的持续传播和影响力。在采用这种评估方法时，会对新媒体投放后一段时间内产生的效果的不同层面进行分析，以此来评估不同新媒体平台之间的效果差异。这种方法适用于比较不同广告形式、不同投放媒体或不同刊登周期下的营销效果，从而提供关于长期和综合效果的全面视角。第二，耦合转化贡献率评估法。这种方法依据旅游目的地过往的营销经验，建立购买次数与点击次数之间的比例关系。基于这个比例，可以预估特定点击量下的购买转化次数。实际的转化次数可能与预期值有所不同，从而产生实际转化次数与预期转化次数的变化率，即耦合转化贡献率。采用这种评估方法有助于了解广告在特定网站上的实际转化效果，并与预期目标进行比较，从而评估广告与特定网站的匹配度。

二、旅游目的地新媒体营销策略分析

（一）整合新媒体营销渠道，提高营销效率

1.优化官方网站

为提升用户体验和功能性，旅游目的地需要优化新媒体营销渠道。第一，重点突出旅游服务模块，确保在线预订功能和景区沟通模块处于网站的醒目位置。这不仅方便用户快速找到预订选项，还便于与景区进行有效沟通。同时，要关注网站上各个模块之间的布局顺序，以确保逻辑清晰、易于导航。第二，完善各个模块之间的内在联系，并明确它们各自的功能，便于访问者迅速、清晰地找到所需信息。网站的易用性是吸引和保留用户的关键。第三，网站上添加"联系我们"模块，为用户提供直接的沟通渠道，这有助于增加网站的可靠性和用户的信任。第四，将搜索引擎功能置于网站前端，可以极大提升用户的搜索效率。通过这个搜索栏，用户可以快速找到与需求相关的信息，如特定景点的详细信息、旅游攻略或特别活动。

2.加强抖音视频推广

在抖音等短视频平台上有效推广旅游目的地，关键在于充分利用景区的自然和文化特色，并通过视频让消费者亲身体验这些元素。旅游目的地应该制作高质量的视频片段，展示景区的美丽风光和独特背景。这

些视频可以投放在多个网络营销平台上，尤其是流行的短视频和直播平台，以实现广泛的覆盖和重复播放。在剪辑视频时，可以巧妙地融入景区的故事和文化元素，增强视频的吸引力和叙事深度，从而吸引更多观众。随着技术的发展，网络视频制作变得更加简便，即便只有手机，也可以轻松制作和分享视频。这意味着不仅旅游景区的工作人员能成为内容创造者和传播者，游客也能成为内容的创造者和传播者。要想进一步提升营销效果，旅游目的地可以积极利用热点事件、名人效应和参与式活动等。例如，邀请知名人士或网络红人访问景区并分享他们的体验，或者举办吸引游客参与的活动，并在社交媒体上进行宣传。通过这些策略，旅游目的地能够更有效地吸引目标受众的注意，提升其在网络平台上的曝光度和吸引力。

3.推动网络社区营销

网络社区营销是现代网络口碑营销的重要组成部分，对于每个企业都具有不可忽视的重要性。在网络社区，旅游电商平台上的用户点评和口碑对于营销来说至关重要。在这些平台上，旅游目的地不仅需要提供生动详尽的景点介绍，还应加强口碑营销。通过与有影响力的人合作，旅游目的地可以实现对特定景点的有效导向传播，同时有助于塑造独特的品牌形象。例如，邀请网络红人或有影响力的人到访景区并分享他们的游玩体验和游记，可以有效提升旅游目的地的知名度和吸引力。具体来看，旅游目的地可以采取以下几个策略：第一，密切关注旅游社区动态。旅游目的地应持续追踪旅游社区网站发布的信息，了解当前的旅游趋势和消费者的兴趣。第二，重视游客咨询。旅游目的地应积极关注并回应游客的咨询问题，为建立良好的口碑打下基础。第三，创作高质量内容。旅游目的地应制作并发布精心编写的文章和内容，吸引游客的注意力并留下深刻印象。第四，关注用户反馈。旅游目的地应关注并回应社区用户的反馈，以优秀的服务维护良好的客户关系，并根据用户反馈调整营销策略。通过这些措施，旅游目的地可以在网络社区中建立和提升自身的口碑，增强品牌吸引力。

4.搜索引擎优化

对于用户而言，搜索引擎是获取旅游目的地信息的重要工具。产品在搜索引擎上的排名往往与其销售情况密切相关——排名较高的产品销售量较大。要想增加曝光度和吸引潜在客户，旅游目的地需要加强其在百度、360、谷歌等主流搜索引擎上的搜索引擎优化（Search Engine Optimization，SEO）策略。通过优化SEO，可以确保旅游目的地及其相关产品在搜索结果中获得更高的排名，从而提高网站的知名度、关注度和点击率。为了实现这一目标，旅游目的地的官网应该持续更新和优化产品信息、品牌形象和促销活动。通过使用吸引人的视频、图片和其他多媒体内容，更好地展示旅游目的地的特色，提高用户在通过搜索引擎访问网站后的转化率。此外，旅游目的地应有效利用二维码和客户管理系统，以便用户可以轻松与客服或销售团队联系。同时，通过发布优惠信息和促销活动，可以刺激客户的购买意愿，增加在线销售的流量和销售量。通过这些方法，旅游目的地可以在竞争激烈的在线市场中脱颖而出，提升销售业绩。

5.社交媒体平台优化

在小红书、微博等社交媒体平台上，网络上有影响力的人和大V等具有较高的影响力，他们的观点和评价往往能够对社群成员产生重大影响。这种影响力在用户做出购买决策之前变得尤为明显，因为用户倾向于在社交媒体平台上搜寻和阅读他人的评价。通过搜寻和阅读这些评论，用户不仅形成了价值认同，而且建立了情感联系，这些因素都在影响着他们的决策过程。因此，在社交媒体平台上，产品或服务的评价质量和数量直接影响着用户的购买行为，这也正是口碑营销的关键所在。

对于旅游目的地而言，要通过提供优质服务激发用户的分享欲望，鼓励他们在社交网络上分享自己的旅游体验。用户的分享不仅是对旅游体验的认可，也能够促进他们的朋友和关注者对该目的地产生兴趣。除此之外，旅游目的地应该积极与知名网红或其他有影响力的人合作，邀请他们进行探店活动，并在社交媒体上分享他们的体验。这种合作能有效利用这些有影响力的人的影响，引导更多人对旅游目的地产生兴趣。同时，旅游目的地需要密切关注社交媒体上的舆论动态。对于误解或负面信息，应及时进行澄清和回应，以防止不良影响的扩散，维护良好的网络口碑。通过这些策略，旅游目的地可以在社交媒体平台上建立和维护积极的形象，吸引更多游客。

（二）整合营销手段，拓展新媒体营销广度

1.加强新媒体营销数据挖掘

在当前的大数据和云计算时代，各行各业，包括旅游产业，都在积极利用大数据进行数据挖掘和应用，以提升生产效率和增加消费者盈余。这一趋势为旅游产业带来了巨大的机遇，特别是在智慧旅游的领域。通过收集和分析大量的数据，旅游相关的餐饮、住宿、交通和娱乐等服务变得更加依赖于数据驱动的决策。因此，对于旅游目的地而言，把握大数据时代的机遇至关重要。利用大数据，可以构建与新媒体营销相关的综合信息网络。通过大数据分析，旅游目的地能够获取信息接收者的地理位置、使用的设备类型、网络运营商等详细信息，不仅有助于了解景区的固有客源，还可以揭示潜在消费者的特征。通过分析这些数据，旅游目的地可以深入了解消费者的偏好和行为模式，从而制定更加精准和有效的营销策略。这种基于数据的智慧化旅游管理不仅提高了旅游目的地的吸引力，也优化了游客体验，有助于旅游目的地在竞争激烈的市场中脱颖而出，提升其市场份额和品牌影响力。大数据的应用使得旅游目的地能够更好地适应市场变化，满足消费者的多样化需求，实现旅游产业的持续发展和创新。

2.丰富媒体营销活动

旅游目的地要想在竞争日益激烈的市场中脱颖而出，就需要在媒体营销活动上下功夫，创造性地运用不同的营销策略，如情感营销、事件营销、饥饿营销、反向营销等。其中，情感营销是一种通过触动潜在客户情感来推广产品或服务的营销手段。在旅游目的地营销中，这意味着要创造和分享能够激发情感共鸣的内容，如分享真实游客的旅行故事、当地文化故事或者自然美景的故事。这类内容不仅能够吸引人们的注意，还能在潜在游客心中留下深刻印象，从而提高旅游目的地的吸引力。事件营销是指利用或创造具有新闻价值的事件来吸引公众和媒体的注意力，从而达到营销目的。旅游目的地可以通过组织或参与各种事件来吸引游客和媒体的关注。例如，举办文化节、音乐会、体育赛事或者艺术展览等，不仅能够给游客提供独特的旅游体验，还能在社交媒体和新闻媒体上产生广泛的影响。饥饿营销是一种通过限量供应、限时开放或独家提供来创造产品或服务紧缺感的营销策略。对于旅游目的地而言，可以通过限定某些特别活动的参与名额、提供季节性或特殊日期的独特体验等方式来吸引游客。这种稀缺性能够激发潜在游客的购买冲动，增加他们对旅游产品的渴望。反向营销是一种非传统的营销策略，它不遵循常规的营销模式，旨在通过创造意想不到的效果来吸引消费者的注意。这种策略是基于创新思维的营销手段，通过引发消费者的心理落差、提供与众不同的品牌体验，甚至跨越性别界限等手段，使受众在认知上产生违和感，同时带来意外的惊喜。这种策略的核心在于打破常规，创造独特且令人印象深刻的品牌形象，使品牌能够在众多竞争者中脱颖而出。通过采取组合形式的媒体营销活动，旅游目的地可以更有效地吸引游客，提升其市场地位和品牌价值。

（三）深化新媒体营销内容，提升新媒体营销深度

1. 从促销广告深化到网络社交

单向的广告发布往往无法有效吸引游客的注意，甚至可能引起反感。在新媒体平台上，营销内容应远离单调的广告形式和自我宣传的内容，转而重视利用新媒体的社交功能。无论是视频还是图文内容，都应设计得既有趣又实用，同时具备强烈的互动性，以吸引用户在平台上进行交流和分享。例如，抖音可以发布热门话题，引导用户围绕这些话题制作和分享内容；公众号可以发布实用的干货内容，提供用户实际可用的信息。通过这种方式，内容不仅仅是信息的传递工具，而是成为激发用户分享欲望和参与冲动的媒介。这样的策略能够显著提高平台上的用户黏性，创造活跃的社交环境，从而增强整体的营销效果。在新媒体营销中，内容的创意性、互动性和社交元素是吸引和保持用户关注的关键。

2. 从单一宣传深化到情感互动

旅游目的地可以充分利用新媒体营销情感互动的特点来实现营销目标。传统的广告宣传往往专注于信息的直接传递，而情感互动型的宣传着重于引发用户的情感共鸣。为此，旅游目的地可以在其宣传材料中突出景区的文化特色、历史故事或者与之相关的感人故事，激发潜在游客的情感，促使他们与品牌产生更深的情感联系。另外，旅游目的地还可以通过建立会员制，为旅游消费者提供个性化的服务，如为会员提供生日礼物、专享优惠等，进而提高客户的忠诚度，通过口碑效应吸引新客户。例如，会员在享受了特别的待遇和优惠后可能会在社交媒体上分享自己的体验，从而推广旅游目的地。

3. 从单向推广到主动服务

在当今信息爆炸的时代，人们对单向的促销信息感到疲劳，甚至产生抵触情绪，更倾向于快速、简洁且全面地获取信息。因此，对于新媒

体平台的营销策略而言，除了关注信息推送的频率和质量，还要提供高效的服务。用户不仅需要信息，更需要在遇到问题时能够得到快速有效的帮助和解决方案。因此，在新媒体平台上，尤其需要重视用户服务的质量。虽然新媒体平台能够迅速吸引用户关注，但如果在用户关注之后，企业不能及时提供服务或回应用户需求，就很容易导致用户流失。要想避免这种情况，旅游目的地的运营者需要准备专业的客服团队，以确保对用户咨询和问题的快速响应。旅游目的地产品的提供者应当注重主动服务，包括快速响应用户的疑问、提供实用的信息和建议以及及时解决用户在旅游过程中遇到的问题。通过这种主动和高效的服务方式，旅游目的地不仅能够提升用户的满意度和忠诚度，还能够通过口碑效应吸引更多潜在客户。在这个过程中，客服团队扮演着重要的角色，他们不仅是信息传递者，更是品牌形象的代表和用户体验的保障者。

第四节　旅游企业新媒体营销途径与策略

旅游企业新媒体营销和旅游目的地新媒体营销虽然都运用了新媒体工具，但它们的侧重点和操作方式有所不同。旅游企业新媒体营销主要集中在推广企业自身的产品和服务，如旅行套餐、酒店住宿或航班服务。这种营销注重直接的销售转化，目的是增加企业的收入和市场份额。旅游目的地新媒体营销更侧重于宣传一个地区的特色，包括自然风光、文化特色、历史遗迹等。这种营销的目的在于提升整个旅游目的地的知名度和吸引力，从而间接增加该地区的旅游收入和经济效益。这两种营销方式存在着紧密的互动关系，一个具有吸引力的旅游目的地能够为旅游企业提供丰富的营销内容和背景，帮助企业更好地展示其产品和服务的价值。反过来，旅游企业通过有效的新媒体营销活动，能够提高旅游目的地的知名度，使其吸引更多游客。这种相互促进的关系表现在多个层面，包括共享市场信息、联合推广活动和互利合作。旅游企业的市场营销活动大多是围绕旅游景区进行的，从某种程度上来看，景区就是旅游企业推进市场营销的核心点，旅游企业制定的市场营销策略、市场营销方案都需要围绕景区开展。① 本节就从产品策略、价格策略、渠道策略和促销策略四个方面，详细阐述旅游企业新媒体营销的途径与策略。

一、产品策略

产品策略，是市场营销组合策略的基本策略之一，是指做出与产品有关的计划与决策。② 产品策略是企业对市场消费者需求的深入洞察与精准分析，并以此作为基础来构思和提供相应的服务或产品。由于不同的目标群体有着各自独特的需求，因此，制定产品策略时企业应考虑这些差异性。对于不同的市场类型，企业需要采取不同的产品策略，有效地满足各类消费者的具体需求。简言之，产品策略是企业基于对消费者需求的理解，为满足这些需求而设计的定制化服务和产品方案。

在旅游企业中，旅游产品是指为留意、获取、使用或消费以满足某种旅游欲望和需要而提供给市场的一切有形和无形的东西。除具有特定物质形态和用途的旅游产品实体，如住宿酒店、就餐饭店、游乐场所、景观景点、旅游商品等之外，也包括无形或非物质形态的利益，诸如旅游信息、旅游交通、食宿、导游和导购等一切旅游服务。③ 产品是旅游营销组合的核心因素，旅游企业的其他各项营销策略都是以产品为基础来设计和执行的，旅游企业应密切关注市场需求的变化和竞争对手的实际情况，从而有效地确定产品结构。

从标准化程度、消费心理动机、地域覆盖范围、科技含量、数字化

---

① 吕凤颖，唐波. 新媒体时代中小旅游企业市场营销方式转变路径 [J]. 老字号品牌营销，2023（6）：21-23.
② 刘伟，刘国宁，章银武. 经济管理新词汇解读与应用 [M]. 北京：中国言实出版社，2004：154.
③ 鲁峰. 旅游市场营销：理论与案例 [M]. 上海：上海财经大学出版社，2015：111.

程度五个维度对旅游产品的属性进行比较，可看出旅游企业产品的新媒体营销特性（表4-2）。

表4-2 旅游产品新媒体营销特性

对比维度	对比内容				
	交通预订	酒店	旅游路线	景区门票	演唱门票
标准化程度	高	高	低	低	低
消费心理动机	高理性、高感性	高理性、高感性	低理性、高感性	低理性、高感性	低理性、高感性
地域覆盖范围	广	广	受限	不确定	不确定
科技含量	较高	不确定	较低	不确定	不确定
数字化程度	较低	较低	较低	较低	较低

从产品和服务的线上销售能力上看，数字化程度较高的产品更容易通过网络渠道实现直接销售。相比之下，那些难以数字化的产品和服务，如某些实体商品或非标准化服务，通常在互联网上更多地依赖于促销和推广活动，而不是直接销售。此外，消费者对产品的认知也受到产品特性的影响。理性特征较强的产品，如基于性能的商品，通常更容易获得消费者的认同和信任。那些具有高感性特征的产品，如注重设计和情感体验的商品，则更易吸引消费者的注意力。同时，标准化程度高的产品往往会降低消费者亲身体验产品的需求，因为这类产品的特性和性能通常更加固定和可预测。因此，在网络销售中，那些高感性、高理性、高标准化且易于数字化的产品往往更容易获得成功。

从表4-2中可以发现，交通预订、酒店等产品由于数字化程度较低，且同时满足高理性、高感性需求以及较高的标准化水平，非常适合在互联网渠道销售。这类服务针对的市场范围广泛，因此通过适当的定价策略，利用新媒体渠道进行销售，能够达到比传统渠道更广泛的传播效果，且更受消费者欢迎。

其他类型的旅游企业产品，情况则大为不同。例如，旅游路线、景区门票虽然同样具有较高的感性，但在理性方面的表现较弱，同时标准化程度不高，这使得它们在互联网上的销售潜力相对有限，目标消费者主要集中在旅游企业所在的地区。因此，在新媒体渠道上，这些旅游产品的销售和推广并没有比传统媒体更具优势。事实上，随着交通预订在线销售的快速增长，传统旅游企业在代理市场的优势受到削弱，导致其在比较传统环境下的地位有所下降。因此，在新媒体环境中，旅游企业正面临前所未有的挑战和调整机遇。这要求企业彻底转变现有的产品策略，特别是在设计产品方面。旅游企业的产品，如机票、车票、酒店预订以及标准化的旅行路线，虽然与制造行业的产品在某些方面相似，即它们都是由企业自行生产，但并非物理实体。与传统产品不同，旅游产品可以根据市场需求进行灵活调整，这使得它们同时具备制造企业和商业企业产品的特性。当前，许多旅游企业通过新媒体渠道推出产品，往往只是将现有产品搬到新媒体平台上，而没有充分利用新媒体的优势。这种做法会使企业在新媒体环境中缺乏竞争力，营销效果也不尽如人意。因此，旅游企业应该区分传统方式设计的旅游产品和为新媒体营销特别设计的产品。后者应当根据互联网营销的特点来进行设计和推广，以便更好地适应新媒体环境，发挥其潜在优势。

具体来看，在新媒体营销中，旅游企业可采取的产品策略主要有两种。

第一，针对交通预订、酒店等较为适用于新媒体营销的旅游产品，旅游企业可以设置不同的价格。这类产品可分为吸引型产品和核心销售型产品两种类型。给吸引型产品设置较低的价格，主要目的是吸引消费者的注意力。例如，提供特价机票或酒店住宿折扣。虽然这些产品的利润较低，但它们能够有效吸引潜在客户，增加品牌曝光度，为后续的销售创造机会。核心销售型产品，是企业的主要收入来源。其价格通常高于吸引型产品，可提供更多的服务和优质体验。例如，全价机票、高端酒店套房或者豪华旅游套餐。这些产品针对那些不太考虑价格、更注重质量和服务的消费者。通过这种产品组合策略，旅游企业可以在新媒体平台上吸引更广泛的客户群体，同时拥有稳定的收入来源。吸引型产品负责吸引客流和提升品牌知名度，核心销售型产品则致力提高利润和客户满意度。

第二，对于那些不适宜通过新媒体直接销售的旅游产品，旅游企业可以采用一系列策略来优化其新媒体营销，以便更好地适应市场需求和消费者习惯。这些策略主要包括以下几点。

一是根据区域旅游资源性质，确定新媒体营销的方式。旅游企业在选择新媒体营销策略时，需要密切关注所在区域的旅游资源特点，这是一个经常被忽略但极为关键的因素。这样有助于旅游企业决定是采用正向营销还是逆向营销的策略。在正向营销中，客源地的旅游企业利用新媒体渠道吸引和组织游客前往该地区。这种方式是传统旅游企业的常见做法，侧重于引导旅游者前往特定目的地。相比之下，逆向营销策略则着重于目的地旅游企业通过新媒体吸引和招徕来自其他地区的游客。这种方式更多地侧重于目的地本身的推广。这两种营销模式对旅游企业产品设计的影响是显著的。在正向营销中，产品设计可能更侧重于客源地的需求和偏好，而逆向营销更侧重于突出目的地的特色。因此，旅游企业在制定新媒体营销策略时，应该深入了解和分析所在区域的旅游资源特性，以便更有效地实现目标市场的精准定位和营销。

二是在正向营销模式中，提高产品标准化程度。标准化的产品能够降低消费者对于亲身体验或当面验证产品的需求，从而减轻他们对实际体验产品的依赖。这一点在旅游企业的产品设计中尤为适用。高度标准化的旅游产品意味着减少了对人工服务或现场体验的依赖，使得这些产品更容易被描述、理解和预订，无论是通过在线平台还是其他数字化媒介。例如，标准化的旅游套餐、固定路线的旅行团或者预设的活动安排，这些都是较易在数字平台上明确展示和销售的产品类型。随着产品的标准化程度提高，其数字化可能性也随之增加，从而更适合于新媒体营销。在这种情况下，旅游产品的各个方面，如价格、服务内容、时间安排等都变得更加固定和可预测，为消费者提供了清晰的预期。因此，对于采用正向营销策略的旅游企业而言，提高产品的标准化程度有助于其更有效地利用新媒体渠道，简化营销流程，并提升客户购买体验。

三是在逆向营销模式中，旅游企业应着重于增强其产品的理性成分，以通过新媒体渠道有效吸引消费者。旅游企业可以通过提供翔实且充分的产品信息，提高目标群体对产品的认可和信任，继而增强产品的理性成分。为了提升旅游产品的理性属性，企业应注重在产品描述上做到尽可能详细和透明，清楚地展示产品的特点、服务内容、价格以及任何相关的细节，使消费者在做出购买决定前能够获得充分的信息，因为详细和清晰的产品信息可以显著增强游客的预订意愿。此外，在新媒体环境下，利用其快速传播和广泛覆盖的特性来构建社区，也是增强消费者认同感的有效途径。通过建立评价和讨论平台，不仅可以为现有消费者提供分享体验的空间，也可以为潜在客户提供获取真实反馈和信息的场所。这种信息的共享和流通可以加深潜在消费者对产品的信任和认同。

四是提供个性化的高感性旅游产品。随着新媒体的普及，其便捷、快速、广泛覆盖和成本效益高的特性已经改变了旅游市场的格局，扩大了市场范围，并带来了更多样化的需求。这种市场环境的变化导致传统的旅游产品逐渐无法满足日益增长和多样化的消费需求。因此，市场上出现了更多细分领域，每个细分市场都针对特定人群的独特需求，为各类旅游企业提供了新的成长机会。在这种趋势下，传统的大型旅游企业不再拥有无可争议的市场优势。此时，利用市场细分的机会，开发和设计那些具有独特性和个性化特色的高感性旅游产品成为关键。这些产品应能吸引消费者的注意，满足特定消费群体的兴趣和偏好。例如，专门针对冒险旅行爱好者的探险之旅，或者针对文化爱好者的深度文化体验之旅等。

二、价格策略

在新媒体环境中，由于信息获取变得更加便捷、快速且成本低廉，消费者对价格的敏感度显著提高，并且更容易受到价格因素的影响。对旅游企业而言，这意味着定价策略的重要性日益凸显。为了适应这一变化，旅游企业应采用灵活多样的定价策略（图4-1）：一是采用协商定价，允许消费者参与价格制定过程中，让他们根据自己的需求和预算来选择或建议价格。这种策略会使消费者感到更有控制感，从而可能增加他们的满意度和购买意愿。二是采取菜单化定制策略，提供可自由组合的旅游服务和产品选项，让消费者根据自己的偏好和预算自行搭配组合。例如，旅游企业可以将交通、住宿、餐饮、观光等旅游要素分开，让消费者根据个人需要选择和组合，这样既能够提供个性化服务，又可以满足不同消费者的需求。三是价值定价策略，将产品价格定位于消费者对产品价值的认知上，而不仅仅是成本加成。这种策略要求企业深入了解消费者对旅游体验价值的看法，并据此定价，以吸引那些愿意为独特体验付费的消费者。四是成本溢价策略，在传统成本加成的基础上，企业可根据消费者对某些旅游体验的高度评价，进行适度的溢价。例如，对于独特的或者高品质的旅游体验，企业可以根据市场需求和消费者的价值感知来设置较高的价格。

图4-1　旅游企业新媒体营销定价策略

三、渠道策略

在传统的旅游产业模式中，产业链的联系较为紧密，且大多数旅游企业主要依赖分销渠道进行营销。这导致旅游企业与消费者之间存在一定的隔阂，因为分销商控制了大部分渠道资源。在这种模式下，旅游企业很难直接接触到消费者，同样，消费者也难以与旅游企业直接沟通。信息和反馈在通过分销商传递的过程中可能会产生误差，而分销商出于自身利益的考虑，往往不会积极促进消费者与旅游企业之间的直接接触。然而，在新媒体环境下，旅游企业有机会改变这一局面。通过利用新媒体工具，企业可以直接与消费者对接，大大缩短了营销渠道的距离。这种直接对接不仅有助于企业更准确地获取消费者反馈，还能提高营销效率和消费者满意度。因此，旅游企业的新媒体营销策略应当根据不同新媒体应用的特性进行分类和划分。具体来看，旅游企业的新媒体营销渠道主要包括以下几种。

（一）旅游官方网站

在逆向旅游营销中，消费者特别看重信息的可靠性，这使得建立信任成为关键。政府旅游部门能够在建立信任上发挥重要作用。旅游官方网站作为一种成本效益高且便捷的平台，为政府直接与消费者沟通提供了理想的途径。一些旅游发达地区建立了官方网站，用以介绍当地的旅游资源并提供基础政务服务。政府部门运营的官方网站本身具有权威性，这种权威性可以提高消费者的信任感。在旅游官网上发布的信息往往更容易被消费者所接受和信任。这种信任感在整个旅游过程中发挥着重要作用。

因此，在新媒体营销策略中，官方网站至关重要。旅游企业应研究如何利用这些官方渠道发布相关信息，从而赢得消费者或潜在消费者的信任。这是实施有效的新媒体营销策略的基础。通过与官方网站合作，旅游企业可以更有效地传递其信息，提升服务的可靠性和品牌的信誉度。

与旅游官方网站的合作应该是一个双向的、互惠的过程，旨在通过共享资源、信息和专业知识，共同提升旅游体验的质量，同时为旅游企业带来更多的曝光度。

（二）网络中间商

随着新媒体的兴起，旅游网络中间商成为旅游产业链中的一个新兴环节，是现代技术发展的产物。这些网络中间商为旅游业带来了全新的服务模式，它们提供一站式服务，集成了旅游过程中所需的各种服务和信息，覆盖了旅游产业链中的广泛领域。通过这种整合方式，旅游网络中间商能够向消费者提供直接、全面且丰富的旅游内容。市场上的网络中间商众多，水平参差不齐，竞争十分激烈，很多时候以价格优势为主要竞争手段。因此，旅游企业在选择合作伙伴时需要慎重，找到可靠和有效的网络中间商。与成功的网络中间商合作，能够为旅游企业提供更多的展示机会和渠道，有助于扩大其业务范围和市场影响力。这种合作不仅可以提升企业的市场可见度，还能够提供更多样化的服务，满足消费者的不同需求。因此，选择合适的网络中间商对旅游企业来说是一个重要的战略决策，直接关系到其在竞争激烈的市场中的表现和成长。

（三）网络社交渠道

网络社交渠道，通常指的是网络社区，这是网民基于共同兴趣、目标或需求，自发或被引导地聚集在一起的平台，用于交流观点、分享感受。这些社区通常围绕特定主题或兴趣点构建，因此具有明显的标签，使其成为传播信息和讨论观点的理想场所。对旅游企业而言，网络社区是一个宝贵的营销渠道，因为它们能够帮助旅游企业精准地定位到目标消费者或潜在客户群体。普通消费者在这些社区中不仅能够找到与自己兴趣相投的人，还可以与其他成员互动交流。这种互动为企业提供了一个优质的营销和传播机会。旅游企业可以在社区中引导讨论或参与互动，无须投入大量成本即可达到推广和宣传的目的。旅游企业特别应该重视并充分利用这些网络社区，通过实时与消费者或潜在消费者的沟通和交流，有效推广其产品和服务；通过参与社区讨论、回应消费者的疑问、分享有价值的信息和提供特别优惠，加强与目标市场的联系，同时提升其品牌的知名度。这种参与和互动不仅能够提高品牌的可见性，还能增强消费者的忠诚度和参与感，从而对企业的长期发展产生积极影响。

（四）微博

微博营销，作为一种成本效益高且主动性强的营销手段，已经受到众多旅游企业的重视。随着用户对微博平台的使用日益熟练和内容偏好的日益明确，微博的特性也在发生变化。微博平台不再只是个人、企业及其他媒体的信息发布和交流场所，还支持手机应用和社交功能的发展。在内容方面，微博从最初的广泛和大众化内容转向更专业和细化的内容，更好地满足用户的个性化需求。用户群体也在发生变化，原本主要集中在一、二线城市的微博用户正逐渐扩展到三、四线甚至更小的城市。此外，随着微博数据的积累，其在舆情管理、行为预测和网络营销方面的价值逐渐显现。对旅游企业来说，微博平台不仅是一个传播信息的渠道，更是一个了解和预测用户行为、管理公众形象的重要工具。

（五）社交网站

社交网站是一种基于互联网的平台，它允许用户通过创建个人资料来建立和维护社交网络，用户可以通过这个平台与其他用户分享信息、交流思想、发布动态和照片等。社交作为互联网应用的基本元素，与其他网络服务的结合已成为新的趋势。例如，网络购物、网上支付、网络游戏、视频服务和搜索引擎等多种互联网服务都开始融入社交元素，利用社交关系来吸引和影响用户行为，从而促进这些服务的发展。

社交网站提供了一个宽广的展示和营销平台，旅游企业可以利用社交网站的优势来弥补传统旅游供应商在网络营销方面的短板。通过在社交网站上分享旅游目的地的特色、旅行体验故事和用户评价，旅游企业不仅能够提高旅游目的地的知名度，还能够增强消费者对旅游产品的兴趣。此外，社交网站还为旅游企业提供了与消费者直接互动的机会，使企业能够更好地了解消费者需求，收集反馈，并根据这些信息优化产品和服务。

（六）微信

微信作为一款多功能的即时通信应用，具备文字消息、语音通话、视频通话、图片和文件传输等基础通信功能。此外，微信通过订阅号和服务号等特殊账户形式，为企业和个人搭建了一个微型媒体平台，使其能够发布和管理内容，加强与用户的互动。微信的朋友圈功能则允许用户进行轻量级的、实时的信息分享，使得信息能够在熟人之间迅速传播。

对于旅游企业而言，微信庞大的用户基数提供了极佳的渠道建设机会。与其他社交媒体渠道不同，微信允许企业主动向消费者推送信息，而不仅仅是等待消费者主动访问，这有效缩短了企业与消费者之间的沟通距离。通过朋友圈，旅游企业可以更加有效地触及目标消费者群体，并通过用户间的分享来扩大影响力。然而，微信的使用也存在一定的局限性。由于它主要依赖于智能手机，这可能导致用户的阅读体验更加碎片化，同时对内容的质量提出了更高的要求。因此，旅游企业在使用微信作为营销渠道时，需要精心设计内容，以吸引并保持用户的注意力，确保信息的有效传达。

面对微信庞大的受众群体，旅游企业在内容推送方面需要采取一些策略来吸引和维持消费者的注意力。首先，内容应该是精简且精彩的，以引起消费者的阅读兴趣，避免长篇大论导致的阅读疲劳。其次，虽然图片是吸引注意力的重要元素，但过多的图片投放可能会受到流量的限制，导致整体浏览量下降。因此，旅游企业应致力提升图片的质量而非数量，确保每张图片都能有效地传递信息并吸引观众。除此之外，鼓励用户转发内容到他们的朋友圈也是扩大传播范围的有效手段。企业可以通过抽奖、提供优惠券或特别优惠等措施，激发消费者的参与热情，并鼓励他们分享内容。这样不仅能增加内容的曝光率，还能通过用户的社交网络进行有机传播，扩大企业的影响力。

四、促销策略

促销策略是指企业采取各种方法，如人员推销、广告、促销活动等，向消费者或用户传达产品信息，吸引他们的注意，激发其购买欲望和行为，进而增加销量的一种营销策略。对于旅游企业而言，由于其产品无法直接体验，促销内容的重要性尤为突出。在新媒体环境中，旅游企业拥有了更多与用户直接互动的途径，为促销活动提供了更广阔的空间。新媒体的特点，如内容共享、互动性和信息海量，要求旅游企业在促销策略上进行创新，这包括内容创作和形式选择的创新。

在新媒体环境下，旅游企业应关注如何通过吸引人的内容和创新的形式来吸引目标用户。这意味着企业不仅要发布传统的广告和促销信息，还要创造与用户互动、引起共鸣的内容，增强用户的参与度和分享意愿。通过这种方式，旅游企业能够更有效地传达其产品的特性，同时扩大其在目标市场中的影响力。

（一）内容创新

在新媒体环境中，信息的即时性和海量性使得消费者对信息内容的容忍度降低。这要求旅游企业在促销内容上进行调整，避免发布过多的企业和产品信息，因为这可能导致促销内容过长、难以阅读，从而降低受众的兴趣和接受度。简而言之，旅游企业需要在促销内容上实现创新，创造简洁而有吸引力的内容，力求用最简洁的文字表达最关键的卖点，使目标受众能够迅速识别并关注，有效达到促销目的。

（二）形式创新

1.重视体验式促销的作用

在新媒体环境中，由于存在一定程度的不信任感，旅游企业需要重视体验式促销的作用。这种促销方式侧重于让消费者通过亲身体验来了解和感受产品的质量，而非仅仅依靠传统的广告或宣传手段。因此，旅游企业应当策划和实施免费体验活动，使消费者能够直接接触和体验其提供的服务或产品，从而增加对产品质量的认识，更深入地了解旅游产品的细节和特色。这种直接的体验比单纯的信息传播更能打动消费者，有助于建立消费者对产品的信任，进而增强其购买意愿。

2.发挥权威人士的引导作用

权威人士在信息传播和影响观点形成的过程中扮演着中介或过滤器的角色。通过他们，信息可以有效地传播给更广泛的受众群体，实现了信息的二级传播。在新媒体的背景下，这些权威人士的影响范围扩大，传播能力更加显著。对于旅游企业来说，与这些权威人士合作，可以显著提高其产品和服务的知名度和认可度。这些权威人士通常拥有大量忠实的追随者，他们对产品或目的地的推荐和评价能够在粉丝群体中产生显著的影响，进而影响消费者的购买决策。

3.结合用户反馈，以反馈引导销售

在新媒体环境中，一个显著的特点是消费者的声音被放大，使得他们能够更容易找到相似的群体并分享自己的观点和经验。消费者的反馈和评价往往比传统的广告和促销手段更能吸引其他潜在客户，增加产品的可信度和吸引力。因此，旅游企业应积极提供反馈渠道，利用消费者的反馈来引导销售。

旅游企业可以鼓励消费者对其产品和服务进行评价，并为这些反馈提供平台，如社交媒体、评论区或专门的反馈页面。同时，企业应积极结合促销渠道，通过回复和置顶优秀的消费者评论来展示产品的优点和特色。此外，旅游企业还可以与消费者合作，在他们的反馈中加入适当的促销信息，采用更为柔和的方式进行营销。通过这种方式，旅游企业不仅能够有效利用新媒体环境下的消费者反馈来提升销售量，还能增强与消费者的互动，从而提升消费者的满意度和忠诚度。

第五章　新媒体营销助力旅游业转型升级的理性思考

第一节　新媒体营销助力旅游业转型的经典案例

一、故宫博物院

故宫是中国传统文化的象征，拥有深厚的文化内涵和庞大的体量，吸引着广泛的受众群体。随着互联网的发展，故宫博物院开始尝试利用移动互联网为游客提供服务及藏品介绍等，着手新媒体运营，在新浪微博里发布相关的资讯，呈现展品。新媒体平台的应用不仅为故宫博物院提供了更多样化的传播渠道，还为其文化传承和推广带来了新的机遇。在新媒体营销中，故宫博物院主要与品牌合作，通过联名或者冠名的方式，打造限量款联名产品，并开展相关的跨界营销宣传活动，提升话题热度，扩大受众的接触面，激发其好奇心和体验欲望。

（一）故宫博物院的主要营销方式

1.产品策略

（1）品牌联合策略。即与其他非竞争品牌建立合作联盟，进行同行业或跨行业的合作。这通常是通过跨界营销实现的，即两个或更多品牌共同诠释相同的用户特征，以达到双赢或多赢的效果。故宫博物院采用"故宫＋其他品牌"的模式与不同品牌合作。这些跨界案例能得到市场认可，关键在于合作双方品牌的契合度和目标消费群体的重叠度。在寻求合作伙伴时，故宫博物院非常注重潜在用户的需求，旨在为用户提供更优质的产品和体验。

故宫，作为中国历史和文化的象征，本身就是一个具有深厚文化内涵的"超级IP"。作为一个拥有九十多年历史的老品牌，百雀羚在产品和品牌文化上都体现了"东方之美"的理念，与故宫的文化精神高度契合。二者的跨界合作是一次强强联合的典范，这种合作不仅保持了双方品牌的历史底蕴，还实现了二者文化的和谐融合，联名产品展现出浓郁的古典美感，成功吸引了消费者的注意。在这次合作中，故宫博物院将百雀羚的产品作为传播中华文化的媒介，向年轻消费者展示了一个既古老又时尚的故宫形象。这种结合不仅强化了故宫作为文化传承者的形象，还彰显了其在当代文化中的持续影响力。同时，百雀羚通过与故宫博物院的合作，借助故宫数百年的文化积淀和巨大的流量效应，进一步深化了其作为民族品牌的形象，并提高了品牌的关注度。这样的跨界合作不仅是一种商业上的成功，更是文化传播和品牌建设的典范，展现了传统文化与现代商业的完美结合。

故宫博物院作为中国丰富传统文化的宝库，承担着将这些文化传播给公众的重要职责，是连接中国传统文化与公众的重要桥梁。近年来，随着故宫文化创意产品及其知识产权的发展，故宫的热度持续上升。为了保持这一势头，故宫博物院不断推出新颖的跨界营销活动，不停地进行探索和创新，以适应时代变化。在这个过程中，故宫博物院特别关注青年人的需求，力求与品牌跨界合作时既保留和弘扬故宫的传统文化，又能满足年轻人的现代审美和消费需求。这种策略使故宫博物院能够在继承传统的基础上，不断扩大其影响力，引起更多年轻人的兴趣，从而在新时代中维持其文化地位和吸引力。通过这样的方式，故宫博物院成功地将古老的文化遗产与现代市场营销策略相结合，展现出传统文化的魅力，并在年轻人中获得了广泛的认可和喜爱。

（2）产品研发策略。产品研发策略主要是在研发过程中引入其他行业或本行业已有的概念和功能，从而实现产品创新或功能跨界。故宫博物院在其文化创意产品的研发上，不仅重视产品的历史性、文化性、创新性、趣味性和功能性，还在与品牌跨界合作时强调产品的实用性。故宫博物院在进行品牌跨界或开发联名产品时，倾向于选择与人们密切相关的产品，如服装、食品和美妆等，使得其文化创意产品更易于融入人们的日常生活中。这样的产品研发策略不仅扩大了故宫文化创意产品的受众范围，也使得故宫的文化传播更加深入人心，有效地将传统文化与现代生活方式相结合。

故宫博物院的跨界联名产品设计主要基于传统文化元素与现代元素的巧妙融合。这些产品中的"旧"元素，即故宫的传统文化元素，如节日和祈福等元素，在现代被赋予了更加丰富的意义。例如，在故宫博物院与民生银行的合作中，推出了一系列以故宫文化为主题的银行卡。这一设计将传统文化元素与现代银行卡相结合，使故宫文化通过银行卡这一日常用品走进大众生活，增强持卡人对中华传统文化的认知和民族自豪感。另一个例子是故宫博物院与毛戈平合作推出的彩妆系列。这些彩妆产品在包装上融入了故宫的传统元素，如雕花和祥云，同时在颜色选择上采用了宫廷色号，使普通的彩妆产品变得更为精致，类似于一件艺术品，非常受年轻消费者的欢迎。

故宫博物院在其跨界联名产品的设计和研发过程中，充分考虑到了目标用户的兴趣点，并找到了与合作品牌的共通之处。团队巧妙构思创意表现形式，注重内容的深度与创新，制作出内容丰富、富有吸引力的产品。在工艺上，故宫博物院追求精致的制作工艺，对传统元素进行细致挑选，并在设计展现形态上不断研究和打磨，以工匠精神制作出精美绝伦的产品，从细节中传递中华传统文化的美感和精髓。故宫博物院的这些产品通过新旧元素的巧妙结合和碰撞，创造出独特的视觉和文化效果，引发了消费者的强烈兴趣，尤其是年轻一代。这种创新的设计理念和产品策略，不仅让传统文化在现代社会焕发新生，也使"国潮"文化成为年轻消费者追求的新潮流，让中华文化在新时代绽放新光彩。

2. 价格策略

跨界联名产品的价格设置既要考虑到双方的成本，也要考虑到市场需求和消费者的支付意愿。这个定价不能过高，以免超出市场同类产品的价格范围，导致消费者产生抵触心理；同时，价格不能过低，以免削弱产品的价值感和稀缺性，损害消费者对产品质量的信任。因此，在跨界联名产品的定价上，采取合理和有效的策略至关重要。

故宫博物院在跨界营销中推出的产品，其价格区间覆盖了从低到高的不同层次，具有较高的市场认可度和亲民的价格，大多数产品售价不超过200元。例如，故宫博物院与名创优品合作推出的装饰品等，市场反响积极，营销效果显著。

3. 渠道策略

故宫博物院采用的是线上线下相结合的全渠道营销策略，旨在构建一个传播闭环，从而实现渠道的全面覆盖，全面提升产品和服务的整体质量。故宫博物院不仅重视线上平台的推广和销售，也十分注重线下实体店的体验和服务质量。

在线上，故宫博物院通过与腾讯、网易、抖音等主流平台跨界合作，开展了一系列主题性的营销活动。例如，邀请知名艺人演唱《千里江山图》改编歌曲《丹青千里》，利用 QQ 音乐平台的广泛用户基础和强大粉丝效应来推广传统文化，传递正面的价值观。在线下，故宫博物院通过创建快闪店等形式，为消费者提供了更为直观和互动的体验机会。例如，故宫博物院与名创优品合作建立的快闪店在场景设计上下足了功夫，传声殿、悦色宫、闻香阁、御花园、冷宫等主题空间的设置，极大地激发了消费者的参与热情和体验欲望。这些快闪店以创新和有趣的互动方式使消费者更加深入地了解了故宫的传统文化。通过这种线上线下结合的策略，故宫博物院成功地将传统文化与现代营销方式相结合，增强了品牌的市场吸引力和文化传播效果。

故宫博物院通过历史改编、组合激发、用户驱动等方面获得创新的天然素材，让一个个本无语言的文创产品变得活灵活现，并大力发展线下文化创意体验馆，让受众与故宫文化"零距离"接触。在此基础上，向影视剧制作场景的历史化服务、明清物质文化教育等领域迈进，成为设计明清物质文化的大智库和大信息库。同时，发展互联网思维，通过在不同社交媒介以及不同互联网平台上的曝光，让故宫形象不断与消费者相遇，使故宫与消费者建立紧密的关系，传播内容要以浓重的体验式营销为主，高度重视与消费者的相互沟通。在这个"网红"盛行的时代，故宫通过互联网的传播，不断成为朋友圈的热点、不断登上热榜头条，进行品牌升级。

故宫博物院还通过虚拟现实（VR）、增强现实（AR）、人工智能（AI）等先进技术，成功打破了时间和空间的限制，形成了一种数字化、科技化并且将线上线下相结合的传播模式。在线上方面，故宫博物院利用电商平台进行产品销售，并与主流互联网平台及电视媒体进行跨界合作，这不仅扩大了其市场覆盖面，也加强了与广大用户和粉丝的互动。在线下方面，故宫博物院通过多样化的展览活动以及快闪店等多种形式，与消费者进行直接的交流和互动。这些线下活动不仅为消费者提供了优质的体验服务，还使得他们能够在购买跨界联名产品的同时，通过互动方式深入了解故宫的文化和历史。

4.营销传播策略

故宫博物院在其营销传播策略中，充分发挥了社交媒体的宣传优势，通过结合重大活动，有效提升了市场转化率。利用社交网络的广泛覆盖特性，故宫扩大了其文化传播的范围，并运用情感营销策略，成功引起了消费者的情感共鸣。故宫博物院通过发起各类活动、制造热门话题，有效地整合了图文、视频、直播等多种形式的内容资源。这些内容被广泛推广于故宫博物院的官方网站、微博、微信、抖音等新媒体平台，确保了信息的广泛传播和高效接触。通过这种多平台、多形式的综合营销策略，故宫博物院不仅扩大了其文化影响力，还加深了公众对其品牌和文化价值的认识。

故宫博物院官方微博通过发布四季不同的景观照片、制作以故宫为主题的短视频和以宫廷文化为背景的故事性文章，成功吸引了公众的注意力，并促进了话题的互动。通过鼓励用户点赞、评论和转发，故宫博物院在微博上与用户实现了有效互动。故宫博物院还与抖音合作推出了"第一届文物戏精大会"，这一活动赋予传统文物以新的生命，使它们变得更加生动有趣，引发大量网友自发参与和分享。微博与抖音都拥有庞大的用户基础和流量。故宫博物院在这两个平台上进行跨界营销传播，不仅增加了故宫的关注度，还吸引了更多粉丝和流量，有效地扩大了品牌传播的渠道，并为故宫未来的推广和宣传工作奠定了坚实的基础。

故宫文创品牌的传播策略综合考虑了传播理念、渠道和方式三个方面。在受众定位上，故宫文创的目标群体不再泛泛地指向大众，而是更为精准地聚焦于年轻人。从传播理念的角度看，故宫文创不再仅仅以单向的方式向大众进行知识性传播，而是以用户为中心来展开传播活动。在传播内容的展示上，故宫文创强调展现匠心和工匠精神，突出了产品的匠人特色和文化价值。同时，其跨界合作活动将独特的历史文化进行创意性转化，使传统人物更加亲近现代人的生活。借助新媒体营销和互联网的力量，故宫文创扩大了影响力，成功地将不同平台的人群吸引过来，让更多的人通过互动交流深入了解故宫文化，也增强了他们对传统文化的喜爱和传播中国文化的意愿。

（二）故宫博物院新媒体营销的启示

1. 创新与传统结合

故宫博物院展示了如何将传统文化与现代技术和营销手段相结合，创造出新颖、吸引人的内容，从而在现代市场中保持相关性和吸引力。故宫博物院将深厚的历史文化与现代营销技术和策略相结合，有效地传播了中国传统文化，同时满足了现代消费者的需求。这种策略的核心在于理解和尊重传统，同时敏锐把握现代市场的趋势和消费者的偏好。因此，旅游景区在整合创新与传统时，也要深入挖掘自己的文化内涵和历史价值，将这些元素以创新的方式与现代营销手段相结合，呈现给公众。例如，可以将旅游目的地的历史和文化故事通过视频、互动游戏等形式讲述给观众，使其更加生动和易于消费者理解。

旅游景区还应充分利用社交媒体平台，通过内容营销和互动营销与现代消费者建立联系。这包括在各大社交媒体平台上发布吸引人的内容，参与话题讨论，以及与网民互动，从而扩大品牌的影响力和受众范围。社交媒体上的内容应体现企业的文化特色，同时符合现代消费者的审美和兴趣。此外，旅游景区还可以通过跨界合作，将传统文化与其他领域相结合，创造新的产品和服务。例如，与时尚、美食、艺术等不同领域的品牌合作，推出融合了传统文化元素的新产品，这不仅能吸引消费者的注意，还能增加品牌的多样性和吸引力。

2. 采用多渠道营销策略

利用线上和线下渠道的结合，故宫博物院实现了全方位的市场覆盖，有效地扩大了品牌影响力和触达范围。对于旅游景区来说，不仅要优化传统的线下游客体验，还要积极拓展线上的互动和营销活动，以覆盖更广泛的潜在游客群体。旅游景区应确保线下体验是吸引人和难忘的，包括提供高质量的导览服务、确保环境的整洁与安全、举办特色活动和展览等。这些线下体验是旅游景区吸引游客的基础，也是游客口碑传播的关键。除了提升线下体验，旅游景区还需通过线上渠道，如微博、微信、抖音等，扩大其影响力和可及性，从而接触到更多潜在游客，特别是年轻一代。此外，旅游景区可以通过建立自己的网站和在线预订系统，方便游客从远程了解景区信息并进行预订，不仅能提升游客体验，也有助于提高景区的市场竞争力。同时，旅游景区可以利用电子邮件营销、在线广告和搜索引擎优化等方法，增加其在网络上的可见度和吸引力。在内容制作方面，旅游景区应生产各种形式的内容，以适应不同的线上渠道。例如，制作高质量的图片和视频展示景区的美景和活动；发起话题讨论或挑战吸引社交媒体用户参与；通过直播展示景区的现场活动等。这些内容不仅能够吸引游客的注意，还能提供与游客互动的机会，增强他们与景区的情感连接。

3. 跨界合作的创新

故宫博物院通过与不同行业和领域的跨界合作，展示了如何通过合作开发新产品和新体验，为传统文化注入新的活力。通过与不同行业和领域的品牌进行合作，故宫博物院不仅成功地扩大了其品牌影响力，也为传统文化的传播开辟了新渠道。这种跨界合作的精髓在于创造出既有文化内涵又符合现代审美和市场需求的产品和体验。对于旅游景区而言，这提供了一种新的思路来拓展其业务和吸引更多游客。旅游景区在探索跨界合作时，可以考虑与能够互补并且能够共同创造价值的品牌或行业进行合作。例如，景区可以与时尚、美食、艺术、科技等不同领域的品牌合作，创造与旅游景点相关的特色产品。这些产品不仅能够增加游客的参与度，也可以成为宣传景区文化的载体。例如，将景区的文化元素融入时尚产品设计，或者与当地餐饮合作推出以景区为灵感的特色菜肴。

除了与商业品牌合作，旅游景区还可以与文化、教育和科技机构合作，共同开发教育项目或者利用最新科技提升游客体验。这种合作不仅有助于传播知识和文化，也能提升景区的教育价值和科技感。例如，与科技公司合作开发虚拟现实或增强现实体验，让游客在参观的同时体验到科技与文化的结合。在进行跨界合作时，旅游景区应该充分考虑合作双方的品牌形象和市场定位，确保双方都能从合作中获益。同时，旅游景区应该注意保持自身文化特色的独立性和完整性，避免过度商业化损害文化价值。合作的内容和形式应该既能反映景区的文化特色，又能吸引现代消费者，特别是年轻人。此外，旅游景区可以利用新媒体平台宣传这些跨界合作项目，通过社交媒体、视频平台和在线广告等方式，提高合作项目的可见度。这不仅能吸引更多游客参与，也可以提升景区品牌的现代感和新鲜感。

二、重庆洪崖洞

（一）重庆洪崖洞景区概况

重庆，坐落于长江经济带的交会点，同时是"一带一路"沿线的重要城市，享有独特的地理优势。洪崖洞，作为古重庆的城门之一，位于两江交会处，是集旅游、休闲和娱乐于一体的景区。尽管洪崖洞以其传统的巴蜀建筑风格和民俗特色被评为国家 AAAA 级旅游景区，但在过去的一段时间内，其经济效益并不十分显著。然而，随着抖音等社交媒体平台上关于洪崖洞夜景的短视频大量出现，洪崖洞迅速成为热门旅游目的地。这些通过新媒体平台分享的短视频有效地展示了洪崖洞的独特魅力，吸引了大量游客前来参观。这一现象凸显了新媒体在推广旅游景点方面的强大影响力，以及如何通过社交媒体平台提升旅游目的地的知名度和吸引力。

（二）洪崖洞景点主要的营销方式

洪崖洞的意外走红在很大程度上归功于抖音等短视频平台。创作者巧妙地挖掘出洪崖洞的建筑与电影《千与千寻》中场景的相似性，成功地找到了这一特殊城市空间的网络传播点。短视频平台不仅为洪崖洞的形象塑造提供了新的机会，也创造了一种新的旅游业空间构建模式。这种模式反映了公众对旅游业的新认知方式，提供了一种全新的旅行体验。

这种现象还展示了传统城市旅游景点如何以更加大众化和娱乐化的方式进行传播。在"网红式"营销中，通过短视频软件的加工和创意表现，某个事件或人物的独特展现可以使视频迅速获得广泛关注和高曝光度。这些短视频以其简短的时长、独特的剪辑手法和匹配的背景音乐，极大地提高了对游客的吸引力，并激发了用户对旅游景点新特色的深入探索。这种新媒体营销方式正在改变传统的旅游推广策略，为旅游地点带来新的生机和可能性。

（三）"网红式"新媒体营销方式对重庆洪崖洞景区的影响

1.有利影响

抖音等新媒体平台的利用极大地提升了洪崖洞的知名度，将其从一个相对普通的景区转变为全国知名的旅游目的地。这种知名度的提升不仅限于洪崖洞本身，还带动了重庆整个旅游产业的发展，推动了整个地区经济的进步。通过短视频等新媒体渠道进行的营销，为洪崖洞景区在城市旅游形象的传播上起到了巨大的推动作用。这些由普通大众自主拍摄和上传的视频内容，不仅展现了游客的个人生活经历，也表达了他们对景区的认知和感受。这种自发性和真实性的内容更容易引起其他潜在游客的共鸣和兴趣。此外，通过抖音等新媒体平台的传播，洪崖洞的特色和地方感得到了有效展示和强化。这不仅提升了游客的旅游体验，还吸引了全国各地的游客前来重庆旅行。简而言之，"网红式"新媒体营销方式通过其高效的传播力和引人入胜的内容形式，为洪崖洞景区带来了巨大的流量和知名度，同时为重庆市的旅游产业经济发展做出了一定的贡献。

2.不利影响

"网红式"新媒体营销方式虽然为重庆洪崖洞景区带来了显著的关注度，但也伴随着一些不利影响。第一是热度不稳定。这种营销方式往往使得热度迅速上升，但也可能会因为网络新内容的不断涌现而快速下降。在快节奏的新媒体环境中，依赖网络红利的旅游景点很容易被新的热点替代，若洪崖洞无法持续创新和提供新的吸引点，其热度可能迅速降低。第二是基础设施和交通压力增大。由于大量游客涌入，特别是在节假日，可能会导致严重的交通拥堵和人潮挤压，这不仅对景区的基础设施造成压力，还可能影响游客的体验质量和当地居民的日常生活。因此，虽然"网红式"营销为洪崖洞带来了前所未有的关注度，但也需要面对热度波动和基础设施压力的挑战。为了应对这些问题，洪崖洞需要不断创新旅游产品和服务，同时加强基础设施建设和管理，以确保旅游体验的质量和景区的可持续发展。

（四）新媒体背景下洪崖洞景区营销成功的因素

1.自然风景和人文景观相结合，抓住游客新需求

洪崖洞景区的自然风景与人文景观的完美结合，满足了当代游客日益增长的精神需求。随着游客越来越倾向于追求有趣、富有探索性的旅游体验，并且更加关注市场热点和网络流行趋势，洪崖洞景区以其独特的夜景效果和与自然环境的和谐共生，成功吸引了大量游客的注意。

通过网络媒体的有效传播和渲染，洪崖洞的独特魅力得到了广泛展示，这不仅增加了景区的知名度，也迎合了新一代旅游者寻求新颖、创意和情感体验的需求。这种结合了自然美景和人文特色的旅游目的地，

正是现代旅游者所追求的，因此，洪崖洞能够在新媒体时代获得营销成功，很大程度上归功于其独特的景观和符合时代趋势的营销策略。

2.运用新媒体技术打造景区特色，营造稀缺性

在网络时代，洪崖洞景区通过运用新媒体技术和差异化的呈现方式成功地打造了景区特色，还营造了稀缺性。为了创造网络热点并吸引游客，景区利用新媒体技术，特别是短视频，作为传播其形象的主要工具。这些短视频内容聚焦于展现景区的独特之处，通过新颖和吸引人的方式呈现，成功地激起了网络用户的关注和兴趣。

洪崖洞的成功案例表明，只有景区展现出其独特性和新颖性，才能引起网络用户的广泛关注，并吸引大量游客前来参观。新媒体技术的兴起为旅游业的发展提供了新的途径，不仅突破了时间和空间的限制，改变了人们对旅游目的地的传统认知，还在短时间内极大地提升了城市的影响力。通过这种方式，洪崖洞及其所在的城市能够在竞争激烈的旅游市场中获得更多的关注和认可。

3.故事性体验带来共鸣，提升景点吸引力

旅游的核心在于体验，将故事性内容与旅游目的地形象相结合，能够有效满足现代游客对情境体验的需求，同时为景区增添独特的识别特征。洪崖洞景区就是通过将其与《千与千寻》的故事情境相联系的方式，利用短视频媒介来实现这一目的。这种故事性的结合让游客在观看短视频时产生情感上的共鸣和心理上的联想，从而提高了洪崖洞的吸引力。通过这样的故事性体验，洪崖洞不仅仅是一个旅游景点，而是成为一个能引起游客情感共鸣和深刻记忆的地方。这种故事性的传播策略，巧妙地利用了新媒体的传播优势，使洪崖洞迅速在网络上走红，吸引了大量游客前往参观。

（五）重庆洪崖洞景区营销引发的思考与相关建议

1.打造高品质景观内容，不断提升景区游览氛围

在网络红人和媒介形式不断变化的时代背景下，景区本身的价值和意义仍然是吸引游客的关键因素。这要求旅游景区进一步营造和提升环境氛围，创造高品质且具有文化魅力的景观。景区应充分利用自身地理优势，打造特色景观，提升景区的总体品质，吸引游客探索和游览。游客被特色鲜明的景区所吸引后，更愿意通过短视频等新媒体平台记录和分享自己的体验，进而促进景区的二次分享和传播。随着游客精神需求的提升，景区的打造还可以基于城市背景，结合当地的文化底蕴、自然景观和人文情怀来塑造一个具有特色的名片，通过突出城市的精神风貌和文化自信，长久维持景区的吸引力和热度。简而言之，景区需要结合自身特色和当地文化，持续创造高品质的旅游体验，以满足日益增长的游客需求。

2.注重新媒体营销方式的宣传，保持景区热度

短视频和网红式宣传虽然能迅速提升景区的知名度和热度，但往往缺乏对传统文化要素的深度挖掘，具有一定的时效性。要想突破这一局限性，旅游景区需要依托新媒体技术深入挖掘和传播景区的亮点。这意味着旅游景区要将其置于整个城市旅游的大背景中进行全面的形象设计、包装和宣传，以此提高景区的知名度，增强其吸引力，并促进当地旅游业的发展。同时，景区在借助新媒体营销手段引爆网络热点的同时，应积极探索可持续发展的策略。利用新媒体技术进行城市营销时，应将景点的建筑和历史文化符号作为文化载体，使其与现代化的商业活动相结合，以适应时代的变迁。在尊重和保护文化传统的基础上，注重运用新技术，与社会发展保持同步，确保城市文化的活力和长远发展。简而言之，景区的新媒体营销策略应在尊重历史底蕴的同时，融合新技术，以确保其文化内涵的传承和商业价值的提升。

3.注重景区文化内涵，充分挖掘本地文化

洪崖洞作为一个历史悠久的景区，其典型的历史文化特征尚未在游客心中留下深刻的印象。在景区的发展中，不应仅仅依赖于引入外来的文化元素，而应更加注重挖掘和展示当地的文化特色。虽然洪崖洞与日本动漫场景的相似性在短期内可能为其带来一定的人气，但从长远的角度来看，这并不足以支撑景区的持续发展。因此，洪崖洞景区需要强化对本土文化的挖掘和创新表达，通过讲述自身的故事和历史，向游客展示其独特价值和魅力。这有助于构建具有鲜明地方特色的文化主题，增强景区的文化内涵，为洪崖洞的长期发展奠定坚实的基础。通过这种方式，洪崖洞能够在保持自身独特性的同时，吸引更多寻求深度文化体验的游客。

4.完善公共服务设施，提升城市形象

洪崖洞景区在迅速获得知名度的同时，面临着交通混乱、导航标识缺失、过度拥挤等一系列问题。为了提升游客体验，景区要积极改进和完善基础公共服务设施，包括改善卫生环境、创建更具沉浸感的游览体验、智能化升级旅游服务系统以及保持设施设备的良好运行状态。此外，还要加强智能交通系统的应用，利用实时交通数据进行有效的流量管理，对交通进行合理分流，为游客提供更佳的游览环境。除此之外，景区的完善不仅限于物质层面，还应包括向当地居民传播本地的历史文化，塑造城市精神和形象。当地居民的积极参与对于传播城市的人文景观、提升城市旅游形象至关重要。通过这样的综合措施，不仅能提升洪崖洞景区的游客体验质量，还能促进整个城市形象的提升，形成良好的城市旅游环境。

三、山东淄博烧烤

（一）淄博烧烤的网络场景营销策略

网络场景营销是在网络平台上创造和呈现具有吸引力和感染力的场景，通过激发消费者的情感共鸣和参与行为，达到品牌推广和产品销售的目的。这种营销方式要求企业要了解和分析用户的行为和需求，创造符合用户情感和体验需求的场景，从而影响消费者的购买决策。在互联网时代，商业环境的迅速变化要求企业不断进行创新和迭代，以保持竞争力。流量的快速发展和数据化的深入推进使得用户需求趋向饱和，线上同质化体验也逐渐显现出疲态。随着移动互联网和智能终端的广泛普及，互联网发展已经步入一个全新的阶段——场景时代。

场景时代更加突出了互联网作为工具和平台的角色，展现了其连接一切的本质。在移动互联网时代，场景之所以变得极其重要，是因为人们的生活方式、行为模式、情感体验、兴趣爱好以及关注点都融入在具体的碎片化场景之中。场景已成为人们生活形态的一部分。在不同的场景下，人们展现出不同的消费欲望和需求，体验也各不相同。因此，只有构建出合适的场景，才能有效吸引用户，将营销活动转化为实际消费。在这样的背景下，企业需要利用各种手段精准地定位和细化用户在不同场景下的需求，有效地将线下实体场景与线上的优质服务结合起来。通过构建新的体验场景，为用户"讲故事"，满足用户对个性化、垂直化、水平化场景的诉求，从而实现品牌价值的创造。

在网络场景营销方面，山东淄博主要采取了以下几种策略。

1.利用社交媒体平台进行内容创作和传播

在社交媒体平台上，淄博烧烤因其独特的制作过程、吸引人的食用场景以及口感评价等内容而成为热门话题。在抖音、快手、微博等平台上，美食博主、网络红人和自媒体人士纷纷通过视频或图文形式展示淄博烧烤的独特风味和制作技艺，有效地展示了淄博烧烤的特色，引起了众多网友的关注和点赞。例如，一位美食博主专注于介绍淄博烧烤的多样吃法，其视频内容受到了广泛欢迎，点击量达到了数百万次。这样的内容创作不仅有效宣传了淄博烧烤，还丰富了消费者的信息来源，为他们在选择美食时提供了有价值的参考，这说明社交媒体平台已成为美食文化传播的重要渠道。通过吸引和利用这些平台上的内容创作者，淄博烧烤成功地提升了知名度和吸引力，也展示了社交媒体在现代美食营销中的重要作用。这种通过社交媒体进行内容创作和传播的策略，为其他美食或文化产业提供了一个有效的市场推广模式。

2.打造具有仪式感和场景感的消费体验

淄博烧烤不单是一种美食的享受，更是一种文化的体验。它承载着历史的传承和地方的特色，不仅满足了消费者的味蕾，还提供了一定的仪式感和场景感。以淄博市区的一家特色餐厅为例，该餐厅的装修模仿了清朝乾隆年间的建筑，营造出一种古色古香的氛围，使顾客仿佛置身于历史源流之中。在这样的环境里品尝淄博烧烤，不仅是一次有趣的餐饮体验，更是一场文化和历史的穿越之旅。这种将美食与文化、历史融合的体验，为消费者提供了独特的消费场景，增加了餐饮体验的附加值。淄博烧烤不仅满足了顾客对食物的需求，更提升了整体的消费体验，使之成为一种文化的传承和展示。这种体验的打造，对于其他旅游景区而言，也是一种值得借鉴的策略。通过创造具有仪式感和场景感的消费体验，可以使传统文化在现代生活中得到更好的传承和发展，同时为消费者提供了更为丰富和深刻的体验。

3.结合时事话题和社会热点进行话题营销

淄博烧烤在网络上的流行，部分归因于其与时事话题和社会热点的巧妙结合。2020年疫情防控期间，淄博市政府向前线的医护人员送去淄博烧烤作为慰问，这一行为得到了网友的广泛赞赏和传播，同时提高了淄博烧烤的知名度。2021年国庆节，淄博市举行了"中国·淄博国际美食节"，邀请了全国各地的美食达人、网络红人和媒体参加。该美食节以"撸串"为主题，举办了包括"撸串大赛"在内的各种活动，不仅丰富了节庆活动，也进一步提升了淄博烧烤的人气和影响力。通过与这些时事话题和社会热点相结合，淄博烧烤有效地加强了其品牌的社会关联性和时效性，提高了公众对品牌的关注度，展示了如何通过话题营销提升品牌的知名度和受欢迎程度。同时，体现了企业履行社会责任的重要性，通过关注和参与社会活动，企业可以在社会中树立积极的形象，赢得消费者的认可和支持。

（二）淄博市政府推动淄博烧烤产业发展的措施和效果

当淄博烧烤在网络上走红后，淄博市政府迅速行动，采取了一系列有效的措施，以充分利用这一难得的宣传机遇，并解决了伴随其走红所带来的一些挑战和问题，为淄博烧烤的持续健康发展和品牌提升提供支持。具体措施有以下几点。

1. 加强市场监管和消防安全

为了更好地管理市场和确保消防安全，淄博市的相关部门，如市场监管局和消防救援支队对当地烧烤店进行了严格的专项检查，旨在督促店铺老板诚实经营，实行透明的价格标示，同时确保食品安全和严格的消防措施得到落实。此举为规范市场秩序、维护消费者权益以及预防火灾事故起到了关键作用。

2. 优化公共交通和旅游服务

淄博公交公司推出了多条以"烧烤"为主题的定制公交线路，连接了多家获得"金炉奖"的烧烤店，并加密了这些线路的班次，以方便游客前往这些店铺。同时，当地旅游局实施了门票减免优惠政策，如在特定时间内对全市国有 A 级旅游景区免收首道门票，并在多家 A 级旅游景区推出了"免费开放日"等活动。此外，团委还为到淄博求职、就业、实习、旅游或探亲的青年学生提供了在青年驿站免费或半价入住的服务。

3. 打造"淄博烧烤"美食品牌和文旅产品

淄博市政府在推广淄博烧烤方面采取了一系列有效的措施，旨在将其打造成为一个知名的美食品牌和文化旅游产品。为此，淄博市商务局联合相关单位对烧烤行业进行了深入研究，并成立了淄博市烧烤协会。协会于 2023 年 4 月下旬正式推出了淄博烧烤的团体标准，并发布了一份淄博烧烤地图。此外，还在五一节前后举办了淄博烧烤节，并将每年的 3 月到 11 月定为"淄博烧烤季"，其间推出了一系列以"淄博烧烤+"为主题的特色文化旅游产品。同时，淄博市政府还积极利用时事话题和社会热点进行话题营销。例如，邀请知名歌手作为代言人，以及与乌鲁木齐等地进行美食文化的互动交流。

这些措施不仅使更多人了解和喜爱淄博烧烤，还显著提升了淄博这个城市的知名度和影响力。通过这些活动，淄博烧烤成为推动当地餐饮、住宿、交通和旅游等相关行业发展的重要动力，对当地经济社会的转型产生了积极影响。这一系列举措不仅促进了淄博烧烤作为美食文化的传播，也为当地带来了经济上的利益，是地方政府在推动地方特色产业发展方面的一个成功案例。

（三）淄博烧烤对淄博经济社会的影响和启示

淄博烧烤的走红不单是美食层面的成功，更是淄博市作为一个城市的全面展示。这对淄博经济社会的影响深远，同时为其他城市提供了重要的启示。

1. 促进了夜间经济和旅游经济的发展

淄博烧烤的流行不仅促进了当地的夜间经济，还推动了旅游业的发展。作为夜间经济的一个重要部分，淄博烧烤吸引了众多消费者，促进了餐饮、住宿、交通和文化娱乐等相关行业的增长，增强了城市的动力和吸引力。其不仅提升了当地居民的生活质量，也吸引了外来游客，增加了城市的经济活力。同时，淄博烧烤作为一种新的旅游吸引力，促使全国各地的游客慕名前来品尝。这不仅提高了淄博在国内的知名度和美誉度，而且带动了当地旅游资源的开发，如旅游景点、特色小镇和文化遗产等。这种以美食为中心的旅游发展模式，展示了地方特色美食如何成为促进旅游业和经济发展的强大动力。

淄博烧烤的成功说明，地方特色美食可以作为一种有效的经济和文化推动力量，不仅可以提高当地经济，还能为城市带来更广泛的社会和文化效益。通过有效地利用和推广这一资源，地方政府和企业可以在提升城市形象和增强地方经济动力方面取得显著成效。

2. 推动了烧烤行业的规范化和品牌化

淄博市政府对烧烤行业的发展给予了高度关注，并采取了一系列政策措施来促进其规范化和品牌化。政府加强了对烧烤市场的监管力度，特别是在食品安全和消防安全方面，确保了消费者的安全和健康。这些措施不仅提升了烧烤行业的整体服务质量，也增强了消费者的信任和满意度。

3. 展现了淄博城市的包容性和创新性

淄博作为一个工业重镇，除了展现出其工业实力，还展现了其在文化层面的包容性和创新性。淄博烧烤不仅承载着淄博的本土特色，而且吸纳了国内各地的美食元素，形成了独特的风味组合。这种多元融合不仅丰富了淄博的饮食文化，也体现了城市的开放性和包容性。与此同时，淄博市政府在推广淄博烧烤方面展现出了极高的创新性。市政府有效地运用了互联网和新媒体平台，结合时事热点和社会话题进行了话题营销，不仅提高了淄博烧烤的知名度，也在更广泛的范围内塑造了淄博的城市形象，创造出了所谓的"淄博现象"，显示了城市在创新推广和文化传播方面的活力。这种结合传统与现代、本土与外来的策略，不仅为淄博烧烤的发展开辟了新道路，也为淄博城市的整体形象增添了新的维度。这种既包容又创新的做法，为其他城市提供了一个宝贵的发展实例，说明了在当代社会，城市的文化推广和经济发展需要具备开放性和创新性，以适应不断变化的时代潮流。

第二节　新媒体营销背景下旅游业发展的新趋势

在新媒体营销的背景下，旅游业正在经历一系列发展趋势的变化，这些变化正在重塑旅游市场的营销策略和消费者行为。信息技术的快速发展正在全方位地改变人们的生活方式，同时深刻影响着旅游业的运作模式及游客的消费行为。为适应这种变化，我国推出了一系列符合时代潮流的旅游发展新理念和模式，如智慧旅游、"互联网＋旅游"和全域旅游，这些概念已经在国内旅游业的实践中得到了广泛应用，并已取得显著成效。在移动互联网时代，旅游市场的发展趋势已从单一的产品导向转变为更加注重游客需求。旅游业呈现出多样化的新形式、新产品和新概念，适应了消费者多变的需求和偏好。传统旅游企业和新兴的在线旅游服务商都在积极采用各种资本运作和市场营销策略，探索旅游产业的创新点，以增强在未来旅游市场中的竞争力。此外，旅游企业的市场行为，如重组、合并、升级转型等，也正推动着我国旅游产业的创新和发展。这些变化表明，旅游业正处于快速变革之中，正在不断适应新的技术环境和市场需求，寻求新的发展机遇和增长点。

新媒体不仅改变了人们获取信息的方式，也重塑了旅游市场的营销策略和消费者的行为模式。在这个数字化时代，旅游业正朝着更加个性化和定制化、更加智能化以及更加可持续的方向迈进。具体来看，在新媒体营销背景下，旅游业发展的趋势主要体现在以下几个方面。

一、更加个性化和定制化

在过去，旅游市场普遍采用的是统一的服务模式，即大规模、标准化的旅游产品和服务，这种模式往往忽略了游客的个性化需求。然而，随着消费者对旅游体验要求的提高以及新媒体技术的发展，这一模式已不再适应市场的需求。如今的旅游消费者更加追求个性化、有特色的旅游体验，他们希望自己的旅行是独一无二的，能够反映个人的兴趣、偏好和价值观。

新媒体为旅游业提供了实现个性化和定制化服务的可能。通过新媒体平台，旅游企业能够收集和分析大量关于消费者行为、偏好和反馈的数据，从而更准确地了解消费者的需求。例如，通过社交媒体，旅游企业可以洞察游客对旅游目的地的看法、对活动的兴趣以及对服务的期待。这些信息为旅游企业提供了定制化服务的基础，使其能够设计出符合各个游客独特需求的旅游产品。此外，新媒体平台的应用也极大地促进了个性化服务的提供。旅游企业可以通过实时交流，快速响应游客的需求和反馈，及时调整服务内容，以确保每位游客获得满意的旅游体验。例如，旅游顾问可以根据游客在社交媒体上的活动来推荐旅游路线，或者根据游客的在线反馈来调整服务细节。在旅游产品的设计和营销方面，新媒体技术的应用也使得个性化服务成为可能。利用大数据和人工智能技术，旅游企业可以对海量数据进行分析，识别不同消费者群体的特征和需求，从而设计出更加精准的旅游产品。同时，通过新媒体平台进行精准营销，旅游企业可以将定制化的旅游产品推广给最可能感兴趣的目标客户。除了产品和服务的个性化，新媒体还使得旅游体验的呈现方式更加个性化。例如，旅游企业可以利用虚拟现实技术为游客提供沉浸式的旅游体验，或者通过在线平台提供个性化的旅游信息和建议。这种技术的应用不仅增强了游客的体验，也为旅游产品的推广提供了新的途径。

二、更加智能化

在新媒体营销浪潮下，旅游业的智能化发展已成为一种不可逆转的趋势。这种转变不仅标志着技术在旅游业中的深入应用，也代表着对旅游体验全面升级的探索。在这个过程中，大数据、人工智能、云计算和移动互联网等新媒体技术，被广泛应用于旅游服务的各个环节，极大地改善了游客的体验，提高了旅游业的运营效率。通过分析游客的搜索习惯、购买行为、社交媒体活动和其他相关数据，旅游企业能够更好地了解游客的需求和偏好。这些洞察使得企业能够预测市场趋势，设计符合游客期待的旅游产品，提供个性化的推荐和服务。此外，大数据还帮助旅游企业优化价格策略，通过动态定价模型，根据需求变化实时调整价格，从而获得最大化收益。

人工智能技术正在改变游客与服务之间的互动方式，聊天机器人和虚拟助手的应用，使得游客能够在任何时间获取信息和支持，无论是进行预订、寻求旅游建议，还是解决问题。这些智能系统通过自然语言处理和机器学习技术，能够提供即时、准确、个性化的服务，提高客户满意度。云计算技术可以为旅游企业提供强大的数据存储和处理能力，通过云平台，旅游企业能够轻松管理庞大的客户数据库、实时更新旅游信息和资源，同时提供无缝的在线预订和支付体验。此外，云平台的灵活性和扩展性使得旅游企业能够迅速适应市场变化，推出新服务。

三、更加可持续

在新媒体营销的背景下，随着消费者对环境保护和可持续旅游的日益重视，旅游企业开始认识到，在追求经济利益的同时维护生态平衡和文化多样性的重要性。在新媒体的推动下，旅游企业能够更有效地传播可持续旅游的理念，并与消费者进行更直接的沟通和交流。通过社交媒体平台，旅游企业可以宣传其采取的环保措施，如节能减排、使用可再生能源、减少塑料使用等，以及对当地文化和社区的支持活动。这种透明和主动的沟通有助于提升企业的品牌形象，增强消费者对其可持续发展承诺的认可。同时，新媒体可以为旅游企业提供收集和分析游客行为数据的途径，帮助企业更好地了解游客对可持续旅游产品的需求和偏好。利用这些数据，企业可以设计和提供更多符合可持续发展理念的旅游产品和服务，如生态旅游、社区旅游、文化遗产旅游等，满足市场对高质量、环保和文化体验的需求。此外，新媒体技术的应用还助力旅游企业优化资源配置和运营效率，减少对环境的影响。例如，通过大数据分析，企业可以更准确地预测游客流量，合理安排运营资源，减少能源消耗和浪费。移动应用和在线预订系统的普及也可以减少纸质材料的使用，降低碳排放。在新媒体的助力下，可持续旅游的理念也能够得到更广泛的传播。通过教育和宣传活动，企业能够提高游客对可持续旅游的认识，鼓励他们采取更环保的旅行方式，如使用公共交通、减少使用一次性用品等。这种消费者行为的改变，反过来又可以促进旅游业整体向可持续发展的方向转变。

在新媒体营销的背景下，未来的旅游产业将更加注重可持续发展。旅游企业需要在追求商业利益的同时，保护好自然环境和文化遗产，实现旅游业的经济、社会和环境的三重底线平衡。通过不断创新和应用新技术，以及加强与消费者的沟通和教育，旅游业可以实现更加绿色、健康、和谐的发展。

第三节　旅游业中新媒体营销的伦理规范与责任

随着数字技术的发展，新媒体营销已成为连接旅游企业与消费者的重要桥梁。然而，这也带来了众多伦理问题和责任考量，尤其在消费者隐私、透明度、内容真实性、社会影响等方面。

一、消费者隐私方面

新媒体营销活动经常依赖于收集和分析大量的用户数据，以提供更个性化的服务和推广。虽然这有助于提升营销效果，但也引发了隐私侵犯的问题。因此，旅游企业在收集和使用数据时必须遵守相关法律法规，确保数据的安全和保密，同时尊重用户的隐私权利。企业应明确告知用户其数据如何被收集、使用和存储，并给予用户对自己数据的控制权。

旅游企业应采取严格的数据安全措施，以保护收集到的个人信息，包括使用加密技术、安全网络协议和其他信息技术安全措施来保护存储的数据。同时，企业应定期对数据安全措施进行审查和更新，以应对不断变化的网络安全威胁。此外，企业在使用消费者数据进行市场分析或个性化营销时，应确保数据的匿名化或去标识化。这意味着企业在处理和分析数据时，应移除任何可以直接识别个人身份的信息。这样即便数据被泄露，也不会对个人隐私造成直接威胁。旅游企业应该允许消费者访问、更正或删除其个人信息。提供清晰的选择和充分的控制权，不仅是尊重消费者权利的体现，也是建立长期客户关系的基础。企业应确保所有员工和合作伙伴都了解和遵守相关的数据保护法规，定期进行隐私保护和数据安全的培训，并制定明确的内部指导原则和操作流程。

二、透明度方面

旅游企业应确保其营销活动中信息的透明和准确。在新媒体平台上，错误的信息或误导性广告可能迅速传播，对消费者造成误导。因此，企业应保证提供的信息是真实、准确且易于理解的，避免夸大宣传或误导性内容。此外，若利用博主或影响者进行产品推广，应明确标注这些内容是赞助或付费广告，以维护信息的透明性和公正性。

旅游企业在宣传其服务和旅游目的地时应确保所有信息的真实性，包括价格信息、服务详情、旅游目的地的实际情况以及任何可能影响消费者决策的相关信息。企业应避免使用夸张的语言或图片来误导消费者，如过度美化的旅游目的地图片或不切实际的服务承诺。企业应保证所有的营销材料都是准确无误的，在发布前对所有的内容进行彻底核查，确保其中不含有任何可能误导消费者的信息，不仅包括文字描述，还包括图像、视频等多媒体内容。旅游企业还应在新媒体平台上主动提供服务条款、退款规则和其他重要信息。这种透明的沟通方式能够帮助消费者更好地了解他们的权利和责任，从而减少因误解或信息不足而产生的纠纷。企业应建立起一种文化，让所有沟通都保持开放和透明。透明的内部沟通有助于确保所有团队成员都能够一致地传达企业信息，并对外界所传达的信息负责。

三、内容真实性方面

旅游企业在新媒体营销中应负责任地展示旅游目的地和服务。过度美化或伪造的旅游广告不仅会误导消费者，也可能导致其对旅游目的地的文化和环境造成误解和不尊重。因此，营销内容应真实反映旅游体验，尊重当地文化和环境，避免制造不切实际的期望。

旅游企业应保证所有宣传材料中的信息都反映了实际的旅游体验，包括真实准确地描述旅游目的地、服务、价格和任何可能影响消费者决策的其他要素。例如，在展示旅游目的地时，应避免过分修饰或篡改图片，以确保消费者对他们将要访问的地方有一个真实的预期。任何关于服务、设施或特色活动的声明都应准确无误，避免夸大其词。旅游企业在制作和发布内容时，应避免采用误导性的营销策略。误导性营销不仅可能导致消费者失望，还可能引起法律纠纷，损害企业的声誉。因此，企业需要确保其营销策略和内容既吸引人又真实。此外，旅游企业应尊重并准确地展现旅游目的地的文化和环境。这意味着在营销材料中，不仅要展示景点的魅力，还要真实地传达当地的文化和社会氛围。这种做法不仅有助于促进文化理解和尊重，还能提升游客的整体旅行体验。值得注意的是，旅游企业还应积极地管理和回应社交媒体上的评论和反馈。在新媒体时代，游客的在线评论和分享对于塑造旅游目的地和服务的公众形象至关重要。因此，企业应鼓励用户发表真实、正面的评论，并且积极地处理负面反馈或不准确的信息。

四、社会影响方面

旅游企业在新媒体营销中应考虑到其对社会的影响，特别是对旅游目的地社区的影响。旅游广告应促进对当地文化的尊重和理解，避免文化挪用或负面刻板印象的传播。此外，企业应通过营销活动支持可持续旅游实践，如鼓励环保行为、支持当地经济和保护自然资源。

在进行新媒体营销时，旅游企业需要深入考虑其活动可能产生的社会影响。在这个互联网高度发达的时代，信息传播速度快且影响范围广，因此，旅游企业的每一步营销行动都可能在社会上产生显著的影响。这要求企业在规划和实施新媒体营销策略时，应全面考虑其社会影响。一方面，旅游企业在进行新媒体营销时应尊重和正确表现文化多样性。在宣传不同的旅游目的地时，应避免使用刻板印象或文化挪用。正确和有效地展示当地文化，尊重当地的习俗，对于培养消费者的文化敏感性和促进文化交流至关重要。企业应努力确保其营销内容能够真实反映当地的文化特色，同时促进对这些文化的理解和尊重。另一方面，旅游企业需要认识到其新媒体营销活动可能对环境产生的影响。在推广自然景观或生态旅游目的地时，企业应倡导可持续旅游的理念，引导游客规范旅游行为。企业的营销信息应包含保护环境的重要性，以及游客如何能够为此做出贡献的指南。此外，旅游企业在新媒体营销中还应关注对旅游目的地经济的影响。促进当地经济发展是旅游业的重要作用之一。因此，企业在营销中应着重展示当地产品、服务和体验，鼓励游客参与当地经济活动，如购买当地手工艺品、体验当地美食等。这样不仅可以促进当地经济的发展，还能为游客提供更丰富和真实的旅游体验。旅游企业应避免制作可能引起公众不适或争议的内容。营销策略应建立在诚实、尊重和正面价值观的基础上，促进积极的社会信息传播。在处理敏感话题时，企业应格外小心，确保信息的准确性和适当性，避免引发误解或负面影响。

随着技术的迅速发展和消费者行为的不断演变，新媒体已经成为旅游业转型和升级的重要推动力。新媒体营销的力量在于其能够迅速适应市场变化，并为旅游企业提供与消费者进行互动和沟通的新渠道。在进行新媒体营销时，企业需要负责任地处理消费者数据，确保信息的真实性和透明度，同时对其营销策略可能产生的社会影响保持敏感。新媒体营销不仅是一种工具或策略，更是一种思维方式，要求旅游企业在不断变化的环境中保持灵活和创新。未来的旅游业将依赖于企业如何利用新媒体工具来创新其服务和产品，提供更加个性化、智能化和可持续的旅游体验。

参考文献

[1] 黄萍. 旅游管理与市场营销研究 [M]. 长春：吉林出版集团股份有限公司，2019.

[2] 徐军委. 市场营销学 [M]. 北京：企业管理出版社，2019.

[3] 陈来生. 旅游创意与专项策划 [M]. 天津：南开大学出版社，2013.

[4] 谢春山. 旅游理论的多维研究 [M]. 北京：中国旅游出版社，2018.

[5] 郭旭红. 中国旅游业发展研究 [M]. 武汉：华中科技大学出版社，2019.

[6] 李霞，李志勇. 旅游目的地新媒体营销策略研究：以山东淄博为例 [J]. 旅游纵览，2023（14）：176–178.

[7] 周静. 新媒体背景下旅游营销策略分析 [J]. 旅游与摄影，2023（13）：17–19.

[8] 吕凤颖，唐波. 新媒体时代中小旅游企业市场营销方式转变路径 [J]. 老字号品牌营销，2023（6）：21–23.

[9] 陈岳. 新媒体视角下乡村旅游抖音短视频营销策略研究 [J]. 西部旅游，2022（24）：70–72.

[10] 陈希. 新媒体营销助力吉林市旅游文化名城建设的研究 [J]. 吉林农业科技学院学报，2022，31（6）：42–45.

[11] 郭海君，王世靓. 互联网时代下旅游目的营销研究综述 [J]. 中国商论，2022（23）：59–61.

[12] 蔡雨晨，徐昀智．"互联网＋"背景下旅游目的地新媒体营销策略研究 [J]. 旅游纵览，2022（19）：59-61.

[13] 卢婉．大数据在营销管理中的应用综述 [J]. 中国集体经济，2022（19）：64-66.

[14] 穆芃芃．基于大数据分析的旅游景区管理策略优化研究 [J]. 旅游纵览，2022（11）：194-196.

[15] 孙海哨．新媒体时代中小旅游企业市场营销方式转变路径 [J]. 辽宁经济职业技术学院（辽宁经济管理干部学院学报），2022（2）：23-25.

[16] 史丽萍．旅游目的地品牌营销转型策略探究 [J]. 西部旅游，2021（7）：79-80.

[17] 陈嘉睿．旅游目的地新媒体营销策略研究 [J]. 商场现代化，2021（5）：118-120.

[18] 黎开莉．旅游新媒体营销策略研究 [J]. 商业经济，2021（3）：108-109.

[19] 兰朝栩．依托新媒体营销打造的"网红式"旅游景点：以重庆洪崖洞为例 [J]. 现代营销（下旬刊），2020（12）：188-189.

[20] 韦晨．全域旅游视角下旅游产品营销变革分析 [J]. 商场现代化，2020（21）：74-76.

[21] 史敏．基于文旅融合背景下的旅游营销 [J]. 鄂州大学学报，2020，27（6）：47-48.

[22] 刘敏．新媒体背景下旅游营销策略分析 [J]. 现代营销（经营版），2020（11）：156-157.

[23] 鲍珊珊．旅游目的地新媒体营销研究综述 [J]. 内蒙古科技与经济，2020（15）：62-63，84.

[24] 张国辉．新媒体营销在旅游产业中的应用思考 [J]. 现代营销（下旬刊），2020（5）：87-88.

[25] 姜晶晶．旅游行业新媒体营销存在的问题 [J]. 营销界，2020（9）：6-7.

[26] 王丽娜，俞湘蝶，王思佳，等．大数据背景下区域旅游精准营销策略研究 [J]. 数码世界，2020（2）：237.

[27] 詹莲，王恒博，黄文瑶．浅析新时代旅游业升级转型新思路 [J]. 发明与创新（职业教育），2019（9）：75.

[28] 王失余．旅游业新媒体营销转型策略研究 [J]. 黑龙江科学，2019，10（11）：136-137.

[29] 李侃．基于"互联网+"时代的新媒体营销策略转型方法 [J]. 中国市场，2019（17）：130-131.

[30] 韩潇．旅游目的地的新媒体营销研究 [J]. 传播力研究，2019，3（8）：63-64.

[31] 刘明月．新媒体在旅游营销中应用探究 [J]. 中外企业家，2019（4）：39-40.

[32] 周小勇．移动互联网驱动旅游产业转型升级的机理与路径研究 [J]. 企业改革与管理，2019（2）：54-55，79.

[33] 孙小荣．新媒体时代的旅游营销创新 [J]. 中国房地产，2018（5）：59-64.

[34] 唐书转．我国旅游产业转型升级路径 [J]. 改革与战略，2017，33（7）：74-76.

[35] 王明胜．新媒体：旅游营销的"新武器" [J]. 品牌（下半月），2015（11）：23，25.

[36] 付红丹．新媒体营销模式在旅游目的地中的运作及应用研究 [J]. 旅游纵览（下半月），2015（22）：15，17.

[37] 金涛，李镇华．旅游企业新媒体营销应用研究 [J]. 云南社会主义学院学报，2014（3）：367-368.

[38] 罗成奎．大数据技术在智慧旅游中的应用 [J]. 旅游纵览（下半月），2013（16）：59-60.

[39] 王梦琳．论宏观环境对旅游市场营销的影响 [J]. 旅游纵览（行业版），2012（10）：107.

[40] 王乐鹏，姚明广，王奕俊．试论旅游企业的新媒体营销 [J]. 内蒙古科技与经济，2011（5）：31-32.

[41] 麻学锋，张世兵，龙茂兴．旅游产业融合路径分析 [J]. 经济地理，2010，30（4）：678-681.

[42] 张海燕，王忠云．旅游产业与文化产业融合发展研究 [J]. 资源开发与市场，2010，26（4）：322-326.

[43] 谢春山，孟文，李琳琳，等．旅游产业转型升级的理论研究 [J]. 辽宁师范大学学报（社会科学版），2010，33（1）：37-40.

[44] 占佳．旅游产业范围界定应从基本概念入手 [J]. 旅游学刊，2007（12）：9-10.

[45] 曾光，周伟林．产业聚集理论及进展 [J]. 江淮论坛，2005（6）：5-10.

[46] 杨振之，陈谨．论我国旅游业产业结构的优化调整 [J]. 云南民族学院学报（哲学社会科学版），2002（5）：30-34.

[47] 谢秋燕．"互联网＋"背景下旅游目的地新媒体营销策略研究："以理塘丁真"为例 [D]. 广州：广东财经大学，2022.

[48] 韩愫．疫情防控常态化下旅游新媒体营销研究：以济南市为例 [D]. 济南：山东师范大学，2022.

[49] 宋青．故宫系列文化产品的新媒体营销策略研究 [D]. 济南：山东大学，2018.

[50] 徐海燕．大数据背景下旅游营销创新模式研究：以途牛旅游网为例 [D]. 贵阳：贵州财经大学，2016.

[51] 黄璟．旅游企业新媒体营销策略研究 [D]. 泉州：华侨大学，2014.

[52] 张倩．旅游目的地新媒体营销及其应用研究 [D]. 武汉：华中师范大学，2012.

[53] 陈霁．新媒体背景下的中国旅游营销研究 [D]. 北京：中央民族大学，2011.